13 POETAS

Ena Columbié (Guantánamo, Cuba). Poeta, ensayista, crítica, narradora, diseñadora y artista. Licenciada en Filología. Ha obtenido numerosos premios en crítica literaria y artística, cuento y poesía. Ha publicado los libros: *Dos cuentos* (1987), *El Exégeta* (1995), *Ripios y Epigramas* (2001) *Ripios* (2006) *Las Horas* (2011), *Solitar* (2012), Isla (2012), *Luces* (Narrativa 2013), *La Luz que conduce a los poetas* (2013) y *Sepia* (2016) y en antologías como: *Lenguas Recurrentes* (1982), *Lauros* (Cuba1989), *Epigramas* (1994), *Viendo caballos rojos bajo el mar* (2004), *Muestra Siglo XXI de la poesía en español* (2005), *La Mujer Rota* (2008) *Antología de la poesía cubana del exilio* (2011), *Poetas Siglo xxi. Antología mundial* (2013), y *Periodismo cubano del exilio* (2016) entre otras. Co-dirige las editoriales, EntreRíos y AlphaBeta. Ha colaborado en numerosas publicaciones internacionales. Como pintora y fotógrafa profesional ha expuesto en países de Latinoamérica, USA y España. Ha colaborado en periódicos y revistas especializadas, así como ilustrando portadas de revistas y libros. Reside en Miami

Ena Columbié (ed.)

13 POETAS

De la presente edición, 2017:

© Magali Alabau
© Damaris Calderón
© Sonia Díaz Corrales
© Néstor Díaz de Villegas
© Manuel Díaz Martínez
© Germán Guerra
© María Elena Hernández Caballero
© Alberto Lauro
© Chely Lima
© Alessandra Molina
© Raúl Ortega Alfonso
© Milena Rodríguez Gutiérrez
© Juan Carlos Valls
© Ena Columbié
© Editorial Hypermedia

Editorial Hypermedia
www.editorialhypermedia.com
www.hypermediamagazine.com
hypermedia@editorialhypermedia.com

Selección y edición: Ena Columbié
Diseño de colección y portada: Editorial Hypermedia Inc.
Corrección y maquetación: Hypermedia Servicios Editoriales S.L.

ISBN: 978-1-948517-28-7

Quedan prohibidos, dentro de los límites establecidos en la ley y bajo los apercibimientos legalmente previstos, la reproducción total o parcial de esta obra por cualquier medio o procedimiento, ya sea electrónico o mecánico, el tratamiento informático, el alquiler o cualquier otra forma de cesión de la obra sin la autorización previa y por escrito de los titulares del copyright.

*Escribo en la arena la palabra horizonte**

---
* De «Palabras escritas en la arena por un inocente», poema de Gastón Baquero.

Esta selección de poetas y poemas a la que no voy llamar antología, porque no lo es, posee una idea de lo que debe ser una suma de versos, a partir de una conexión auténtica que tire por tierra ideas preconcebidas. Se ha dicho en muchas ocasiones que la poesía está en crisis y no vende, eso es muy fácil de decir, tanto como que sólo se hace poesía auténtica dentro de Cuba; lo difícil es probar ambas cosas. Es absurdo afirmar que los poetas que están fuera se agotan en la rapidez con que se vive lejos de la apacible isla. Este grupo de poetas que se recoge aquí, está disperso en diferentes lugares del planeta y goza de una calidad excelente; algunos de ellos, con un crecimiento significativo luego de su salida del país. La selección se ha hecho a solicitud de Ladislao Aguado, director de la editorial Hypermedia, con el único fin de regalar a los lectores un paisaje poético, uno más entre los disímiles que ya se han realizado sobre el tema.

Destierro, exilio, diáspora, expatriación, desarraigo, exclusión, expulsión, emigración, proscripción, deportación, éxodo, dispersión, disgregación, supresión, extradición, huida, fuga, escape, salida, andurriales.

No es oculto para nadie ya, que gran parte de la revolución y cambio de la poesía cubana se ha llevado a cabo lejos, a distancia: Heredia, La Avellaneda y Martí son sólo tres ejemplos de los más conocidos. En este libro no está toda la verdad de la poesía que se escribe fuera de Cuba, pero todo lo que hay en él es verdad. He ido a un grupo esencial de preferencias, poetas magníficos para mí, y luego de una selección —como tres pares de ojos ven más que uno— pedí a los poetas Germán Guerra y María Elena Hernández que se unieran para aconsejarme y proponerme; hice entonces una selección de la selección mayor. Sé que muchos agradecerán estas páginas como también sé que otros no compartirán mi alegría por el volumen, pero eso poco importa, ya que la muestra no es un espacio para la lisonja ni para la provocación, tampoco es una competencia de egos, sino todo lo contrario, es un regalo de voces infinitas, imposibles de enmudecer, voces inimitables que se unen en un pequeño coro para cantar a sus hermanos de aquí, de allá y a los adoptados en el camino.

Estos autores cubanos que viven fuera de la isla, son todos desiguales pero confluyen en muchos aspectos. Ellos son, por orden alfabético como aparecen en el libro, incluyendo el lugar de nacimiento y residencia actual: Magali Alabau (Cienfuegos - Woodstock, New York), Damaris Calderón (La Habana - Isla Negra, Chile), Sonia Díaz Corrales (Cabaiguán - Santa Cruz de Tenerife), Néstor Díaz de Villegas (Cumanayagua - Los Ángeles), Manuel Díaz Martínez (Santa Clara - Palmas de Gran Canaria), Germán Guerra (Guantánamo - Miami), María Elena Hernández Caballero (La Habana - Miami), Alberto Lauro Pino Escalante (Holguín - Miami), Chely Lima (La Habana - Miami), Alessandra Molina (La Habana - Missouri), Raúl Ortega Alfonso (La Habana - Riviera Maya), Milena Rodríguez Gutiérrez (La Habana - Aragón) y Juan Carlos Valls (Güines - Miami). Son poetas activos, unos más conocidos que otros, que sin lugar a dudas satisfarán al lector más exigente. El leedor de poesía, de verdadera poesía, podrá percatarse de la calidad de los inexplorados para él, así como la reafirmación de la obra de aquellos ya conocidos, que tal vez creía —por la inevitable imposición del tiempo y los cambios— que su obra había decaído o desaparecido. Estos poetas que han decidido vivir como foráneos, quieren con esta muestra y desde sus países de adopción, enviar sus voces deudoras a la isla y a los incontables lectores de poesía del mundo, porque el mundo, una buena parte del tiempo también es una isla.

El criterio para esta selección se ha llevado a cabo teniendo en cuenta sobre todo la calidad, que hayan publicado por lo menos un libro en los últimos diez años y se mantengan vigentes en medios especializados. Se ha cuidado mucho la calidad, ya que el objetivo es ofrecer una muestra de lo mejor de la poesía que se escribe actualmente fuera del país, en un esfuerzo reivindicativo contra el olvido, porque la poesía tiene el poder de redimir, y como he dicho, por la mera satisfacción de brindar un auténtico material de lectura. El libro da espacio a cada poeta para que pueda mostrar algo más que un guiño de su obra y saciar el placer de leer un autor en diferentes momentos de su actividad creativa, incluso con inéditos. Finalmente, para romper con lo preconcebido hemos escogido el mismo número de poetas y poemas para el título del libro, sabiendo que el 13 es en realidad un número de buen augurio y no al revés como se ha creído siempre, se descarta cualquier prejuicio.

El lector no cubano va a encontrar en este ejemplar un trabajo equitativo y sereno, que enseña un panorama de la creación literaria destacada de escritores cubanos, con piezas escritas dentro y fuera de la isla, poseedoras de una riqueza que da como resultado una obra única, que sin dudas será material referencial. Más que concebir una obra vasta se persiguió que fuera profunda, porque hace mucho tiempo la poesía dejó de ser solamente «la expresión de la belleza por medio de las palabras». Hoy la poesía es alma y arma, y por ello la libertad de expresión es otra de las características de este libro; disertaciones poéticas diversas y variadas en busca de la transparencia de la palabra.

El libro que leerá hoy, *13 poetas*, es deudor de toda antología y selección de poesía cubana que le antecedió, cada una de ellas nos ha mostrado un camino diferente, muchas veces hacia lo mejor de nuestra poesía, otras para saber dónde no debemos detenernos a escoger un verso. A todos los compiladores, investigadores y estudiosos, a Ladislao Aguado y el consejo editorial de Hypermedia, y sobre todo a los poetas que se arriesgaron conmigo en este empeño.

¡Gracias!

Ena Columbié. Miami/ Exilio, junio 2017

MAGALI ALABAU

Magali Alabau (Cienfuegos, Cuba, 1945). Escritora, poeta, actriz y directora de teatro cubana. Estudió teatro en la Escuela Nacional de Arte. A los 18 años dirigió el estreno de *Los Mangos de Caín*, de Abelardo Estorino, hoy ya un clásico del teatro cubano. En 1967 se establece en Nueva York, donde funda junto con Manuel Martín el Duo Tehater. Actualmente reside en Woodstock, donde desde hace años realiza, junto a la artista visual Sylvia Baldeón, una labor de adpción y protección de animales. Entre sus libros se encuentran: *Electra y Clitemnestra* (1986), *La extremaunción diaria* (1986), *Ras* (1987), *Hermana* (1989), *Hemos llegado a Ilión* (1992 y 2013), *Liebe* (1993), *Dos mujeres* (2011), *Volver* (2012), *Amor fatal* (2016) e *Ir y venir: poesía reunida 1986-2016* (2017). Entre otros ha obtenido el Primer Premio de Poesía de la Revista *Lyra* (1988), la Beca «Oscar B. Cintas» de Creación Literaria (1990-1991), y el Premio de Poesía Latina otorgado a su libro *Hermana*, por el Instituto de Escritores Latinoamericanos de Nueva York (1992).

En esta libreta
se apuntan las cosas,
las cosas peores que se hacen,
las diarias obligaciones:
limpiar la caja de la gata,
oír el chillido de la gata.
En esta libreta apuntaré lo que pasa
en esta cosa que soy.
Cambiar el tono:
Stravinski o Mahler,
Rachmaninoff o Chopin
Beethoven o Bach.
Fibras enervadas que atienden
al hígado enfermo.
En cámara oscura,
el otro sale, el que piensa sin fin
y no se engaña,
el que cada día
mata de tanta necesidad
y escrutinio.
Lo esperado por mí
por ti, por todos,
es el diálogo con la máscara
pegada al rostro como un chicle.
Si me dijeras lo que de paso
quiero que me digas,
    volarás, volarías sin pies.
Recibirías dos bofetadas,
no te olvidarías

de la verdad jamás.
Es cruda,
sin sal,
sin azúcar,
es tremenda bruja
que te escupe cuando habla.
Nada puedes hacer
y si la amas
puedes decirle
lo que este mueble
    este carapacho
esta basura que soy
puede decir.
Este es el día de los diarios,
de las percepciones erradas,
del orden y de un poquito más.
Se desatiende a la muerte
cuando apuntas
el cacharro matutino.
Agua que no tomo,
    la bebida,
        vino al reverso,
veneno que abre las entrañas.
Joel, Nancy, trípode y piano,
la ducha,
limpiarse cada día,
limpiar es la blanca palabra,
la que te lleva hacia el cloro
y luego al amoníaco,
la que te identifica.
Hay una mujer tendida en el horizonte,
desnuda,
me inspira,
pero no oye,
es sorda,
tampoco ve,
no es ciega,
es que no ve,
pero deslumbra.

Inicia el diálogo del amado
con cualquiera,
se afeita el pubis,
lo ofrece hoy a mí,
no habla,
no promete nada
es cruda,
sin sal, sin azúcar,
escribe
la primera letra de mi nombre,
y cuando la atiendo,
cuando de verdad la veo,
se va.
Espejismos son los momentos,
    los instantes,
las horas dosificadas por estos
estadios de hacer y deshacer
detrás de la mujer esa
que quiere asesinarme.
¿Será mi madre?
¿Será la primera mujer?
El origen de la espuma,
de la ola,
del instante,
en que se formaron tantos mapas de ira
y de amor.
Se hizo de pocos una vida en nueve meses
de dudas, temor, empecinamiento,
queriendo deshacerte porque eras igual a ella,
sintiendo los golpes de su furia.
No quiso tenerte.

Escritas ordenanzas
a veces en formas conocidas
La mariposa que se posa en una silla
o en un gato blanco y negro
muerto en una encrucijada
Un sueño que ha de cumplirse
a los 3 días de haberse soñado.
Las serpientes, los poetas:
Iguanas que hablan,
ámbito donde ocurren
los encuentros.

De la vida y de la muerte
éxtasis y salvación
Desterrados somos
en la Apariencia
y la Representación.
Al caos pertenezco,
ordena a su antojo.
Visiones,
exilio perenne,
vivir en cenizas
inventando la vida.
Yo hablo a los que oyen.
Escribo a los que leen y leyeron
la serpiente,
al Cristo que en la vía dolorosa
se entrega a ser clavado.
Yo hablo a los que quieran entender

que nos echan, nos vuelcan
en la prisión donde apenas la ventana
nos permite imaginar
el universo.
Hablo a los que se abstienen,
a los que Homero preguntó
¿Quién sabe si la vida no es una muerte
y lo que llamamos muerte aquí se llama vida?
Huevo del mundo
gota, alma, Eros.
Mañana amaneces
al misterio, al vino
que es la sangre
voy a la villa de los misterios
destruida por sus revelaciones,
borrada por hecatombes:
Rojo intenso,
del látigo
y una mujer aterrorizada.

Una excursión a Micenas
En mis brazos
un animal grande, un oso
un gato.
No puedo ver más
no puedo oír más
me hice ciega y me hice sorda.
Convulso, quizás sufriendo
has sentido esa desesperación
en que no puedes más.
Quieres
rápidamente matar al animal
rápidamente para que no siga
para que no sufra
para que no sufra más,
no puedo
Pagué para que lo mataran.
Fantasmas echados hacia un lado,
enmudecidos.
Me visto, me desvisto
esto que soy se yergue entre colinas
selvas entre tierra y subsuelo
me visto y me prometo
buscar el aire
traspasar
la conducta y la locura
correr hasta que el insulto
me detenga.
Donde hay límite

mis palabras se borran
La loca va cantando
sube los escalones
forman un teatro sus tinieblas
símbolos que no se entienden
Olor a cántaro y vinagre
Miedos que tienen la osadía
de quemarla
No tiene lira mi voz sino chillidos
Animal con jaula hambriento
Oso y mujer.
Artemisa, Eurídice y Perséfone.
En cualquier árbol
escucha la lechuza, los murmullos del ciprés
Vístete de oso negro feroz
Que no se acerque
Orden, códigos, opuestas cerradas
Apaga el radio
Que es esa gritería
Adentro entre el temor y la risa
nos acordamos de ella
pobre infeliz
Sin piso, sin mosaicos, sin ramas
Solo el principio
Desbordada la risa
Esa burla
esa prisión que no es caja
esa flecha que no apunta
Solo se viste para los servicios funerales.
Solo ardor
solo letras y lamentos.
Yo vivo y tú estás muerta.

¿Por qué una canción,
un rostro, nos tira hacia el pasado
que ya no puede recorrerse?
Tu rostro aparece en pedazos de sueños.
Cobra vida por un momento.
Cuando despierto, siento tu amor.
El amor que tiene que perecer,
que no puede recrearse por el día
porque es como invocar un muerto.
Muerto que nos cava hoyos en el pecho,
huecos profundos repletos de vergüenza.
Reconocerme en tus besos,
el toque mágico para poder seguir.
Lo que he sido después, lo que he buscado
en esos espectros y radiologías del tiempo,
ha sido odiar todo.
Somos dos preparaciones para morir,
hasta el final tus ojos me persiguen.
Tu mirada hizo que escribiera una palabra
y luego dos.
Tus pupilas fueron laberintos en que nos encontramos.
Una historia se unió con la otra.
El deseo en cada una se vació
dejando un poco de ti en cada molde.
Tú, ahora, con ojos azules o grises,
yo, gritando barbaridades
por esta picazón constante de la vida.
Resquebrajando el alma mis pasiones,
arrojando piedras al rostro amado

hasta disolverlo en una pulpa de sangre,
así, detestar el recuerdo.
Uno debe confesar,
sacar fuerzas para recitar las últimas líneas del *script*.
Tocar el corazón una vez más, rescatarlo.

Eres la perfecta mitad,
el encubierto doble,
la esencia de mis deseos.
Representé los personajes
que anhelabas.
Sin freno,
la pasión,
rebelde
contra el diseño
y la rigidez,
desplomándonos.
No había límite
que contuviera tal pasión.
Acabamos arrastrándonos
para mantenerla.
Día a día,
persiguiendo necesidades,
apartamentos, préstamos.
Ir al supermercado,
depositar el cheque.
Vi tu querido rostro,
cansado, envejecido,
sufriente.
Tanta carga.
Sin tregua,
las ocho horas,

marchando,
dejándonos detrás,
tratando por la noche
de replicar el primer beso.

Cada época tiene su cámara
diminuta para la disección.
Sobre la mariposa hay libros ilustrados
que se compran y se leen en el Coliseo.
El libro muestra fotos de cómo disecar las alas,
intactas apresarlas contra la superficie del vidrio.
Hay clavos invisibles, diminutos para esta operación,
en las puntas de las alas, hacia los bordes, se injertan.
Se les inyecta un líquido
que no deja pulverizar el polen.
Luego un ungüento perfumado
para que no pierdan el color.
Pequeños rectángulos, cristales sin peso,
que el naturalista ha escogido
para resguardar el precioso hallazgo,
se colocan encima de la delgada momia.
Así es admirada en el museo, mostrada en fiestas
entre conversaciones de *scotch* y vino.

La casa está cerrada,
oye a la lluvia
respirar contra el piso.
Espero como siempre
sin esperar a nadie.
Espero mis latidos
con ganas que vislumbren
a las apariciones.
La lluvia contiene mi insistencia,
mis agravios persisten en la queja.
Espero al enemigo agazapada,
jugando a quién
se rendirá primero.
Siento el ruido de los pasos
en mis huesos,
en la dificultad de cada uno,
en ese movimiento equivocado
que traiciona.
Ahora voy hacia afuera
deseando estar adentro.
Espero como esos animales
que no saben hablar de sentimientos,
que buscan un pedazo de algo,
que no saben
mitigar el dolor en el abdomen.
La noche se abalanza
hacia la lluvia
monótona, severa, injusta.
¿Qué soy en esta bruma?

¿Semilla enterrada que se hincha,
larva que el agua no soporta?
¿Soy sonido o temblor?
Un ente separado
que araña la cal
de las paredes
con su ruido.
Estoy en estos filamentos
de las gotas,
percatada de que en cualquier
momento mis fantasmas podrían
concretarse.
Hoy es Trotski,
su perra Maya,
la aurora,
el agua empantanada,
la carta que llega
y no respondo,
un sinnúmero de sueños,
el amor a los perros,
ese agarrarlos contra el pecho
y cuando mueren
encargarse una
hasta el último
detalle
y destello.
Parto
y pérdida,
la reducida piel, los otros ojos,
inevitable calvario de la espera.
Por más que quiera olvidar
las horas, la monotonía del día,
me despierta el ruido de la lluvia,
el movimiento de las hojas,
la caída del papel al piso,
la posible llamarada
prendiéndose en un fuego,
la falta de voluntad
que informa lo imposible.

Como un árbol marcado
esperando la herida
estoy ya sin moverme.
La herida que no cierra,
que circula en el cuerpo,
que demarca viajes,
peripecias y olvidos.
No me acuerdo de tu nombre.
¿Dónde has ido?
¿Hacia el paraje donde el bosque
termina, escapando
mis tormentos?
El alba te cura cuando muere,
el sol te aliviará cuando aparezca,
el canto de las ramas
apuntará la herida
en que me escondo.

El amor escapa,
las palabras se vuelven callejeras
y cansadas,
se distribuyen en otros hallazgos,
en el día ocupado,
en trincheras diarias.
Sientes cómo huye aburrido,
te deja abandonada.
No atiendas la intención
ni la bocanada de aire que se va
con él hacia otro lado.
¿Dónde va? ¿A qué árbol?
¿En qué bosque?
En algún sentimiento
del verde,
mirando en la ventana
cubierta de nieve?
¿En una nota
que rasga algún recuerdo,
algún camino, algún paseo
cuando sentiste otro
que no es nadie
pero que está
acompañando tus pasos,
ese yo, pero gigante
oliendo asfalto?
Flotar en el espacio,
imaginar el lado de algún río,
el principio de la noche,

no tener que volver
a ningún sitio.
Yacer ensimismada en ese espacio
donde la luna abierta
dejará sus pedazos en el agua,
y no pensar nada
sólo en ese puro espacio
de luz aguardándote.
Es hora de irse,
de apagar las luces,
fijarte, aunque no quieras
en lo que has de usar,
en lo que tendrás que llevar
aunque no quieras.
En las fotografías que puedan juntar
la historia de tu vida.
¿Qué colocar en este cuadrado de maleta?
Una sola dijiste o dijeron.
Todavía es mucho para cargar un rato.
Antes de irte
escoge un libro o quémalos todos,
no querrán el maltrato
de otro dueño
ni ser rehenes de estaciones,
del frío invernal, de la humedad
del abandono.
¿A quién llevas, a quién recoges,
alguno preferido? ¿Cómo mirar los otros?
Mira la estancia
por primera vez vacía,
te velarán como a los muertos
y en algún instante
el aire entrará por la ventana que inventaste
donde viste
trenes y trenes,
donde fuiste un pasajero
caminando con lentitud
las calles de algún pueblo.
Dejaste la puerta entreabierta

y el radio puesto,
aún engañabas a los que dejabas,
a lo que quedaba,
lo que ya no dispones.
Entre la puerta y la salida a la calle
está esa escalera estrecha y sucia
en que alguna vez sentada
esperabas por las llaves,
por alguien que abriera las cobijas,
por un vecino que dijera la palabra adecuada.
Ahora tus pasos son firmes, apurados.
Ya no habrá más esperas.
Todo es fácil porque nadie espera.
Ya ni siquiera el perro pequeño y negro
que te acompañaba.
Un amigo como dicen siempre
se lo llevó al campo.
Nadie te espera,
pero como has decidido
no montar el tren equivocado,
has inventado personajes que te recibirán
aunque no quieras en ese improvisado lugar.
Has evitado despedidas,
ese círculo de piel y sangre
que es tuyo y de los otros.
Les has dado un beso escurridizo
como esos que se dan cuando corres
y no quieres ver el horror en los rostros.
Pero están en la sala, en la gran comitiva
de tus alianzas, mirándote, están serios
como en las funerarias.
Nada miro, nada puedo, esas miradas
son golpes en el vientre,
cierro las mandíbulas, algunos adioses
me sorprenden a pesar de que he dicho
no a las lágrimas,
brotan de tantos ojos.
Corro, corro, hasta esconderme.
Corro a las calles,
que el viento me atragante,
áspero viento que rompe las páginas

que rompa el recuerdo de esos rostros.
Parto en un jinete rojo,
un tren que va despacio
desbaratando postales,
las viñetas,
cada paso
en el pueblo.
Las puertas se cerraron,
el olor a esa tranquilidad del día,
a ese tiempo sin fin, eternidad de infancia
cerró aldabas, el féretro, la caja de pino
que querías.
Y en qué transporte
indagas los rostros que quieres encontrar,
que aún no existen,
pero que inventarás
porque necesitas un suelo,
una llave que abra el corazón,
que haga olvidar esos recuerdos.
Eres el cero, la nada, un hotel
deshabitado con luces de neón.
¿Cómo te llamas?
Lo único que tienes es este rostro
oscuro que se escapa,
nunca es posible detenerlo.
En este hotel te amparas,
esta cama manchada de tantas suciedades
es la nube que te duerme, que da paz.
No hay pasado ni futuro,
el presente mudo
donde el alma duele
me ha dolido siempre.
¿A cuál hospital puedo ir a que me operen,
a que me saquen el corazón?
Yo quiero otro,
otro perfumado
que pueda trasnochar
ante las luces del hotel de Dios,
de los desamparados.
Este hotel de gratis
que debo olvidar en cuanto pueda,

que no debo recordar ni las horas,
ni los movimientos extraños del pasillo
donde creí que moría,
que no estoy viva, con los nervios veraces,
con los ojos tan abiertos recibiendo
lo que siempre he buscado,
esta verdad que no puede contarse,
que nadie contaría,
este hielo tan frágil
entre la muerte y la muerte,
este tramo
que hay que sobrepasar
porque de no hacerlo
te encontrarás mañana como el hielo
en esta cama sin identidad
y sin nombre.
Y sí, buscar un árbol,
volver a la raíz,
a la simiente,
unirte a todos lo que como tú
se preguntan,
disipar con ellos las astucias,
con ellos ser total
porque en sus desolaciones
está la vida, alguna fuerza
unida a la esperanza.
No te necesita,
se esfuma,
crece sin ti,
desaparece.
Se hunde en el hueco,
en la cueva,
la caricia que
nunca pudiste tocar
se escapa entre los dedos.

Ya te encontraste en la pared de la sala, ya te encontraron.
Ya descubrieron la pirámide donde está la mueca, donde apuntas
en una pizarra que se borra el diario en que guardas tus memorias
Ya revisan tu lento olfatear por otros cuartos en aquella figura
de murciélago que descansa en el vaso de agua de la entrada.

Ya está la bayoneta preparada.
Ya la barraca donde te ejecutan.
Ya la memoria crece con sus crines, eres otra,
eres el difuso correr del arrebato de aquel que se desploma
y lo reviven para una vez más reencontrarse
con una sombra y otra.

Ya están las aves penetrando el estante,
abriendo los pescados, el guiso del humor,
entrecortando la fachada dantesca,
el Michelangelo colgado.
Ya estás en el cuarto, lo has reconocido, tus noches,
tus papeles echados en la cesta,
la imagen Diosdada del asfalto
se interpola en los mosaicos de esta triste casa.
Están tus puntos, los centauros, las paletas consignas,
los retratos, están tus camas, tus orgasmos
están en las paredes desplegados.
Está el vino a la intemperie, está el cigarro,
las cucarachas saliendo a recibirte:
Bienvenida la artista, la coma, el relicario.
Está fugaz tu vida entera, asomada sorda, ya sin fardos.
¿Quién soy? ¿De dónde vengo? Soy Ulises, Electra,

soy la luna, el triunvirato, soy Perséfone perdida,
seis meses allá en sangre viva,
seiscientos siglos acá ya sin certeza.

Soy Perséfone Pérez, la errabunda mártir, la destreza,
la victima victimizada, soy la cereza, la fruta,
el semen de mujer entre las piernas,
el pavo real paseando las ciudades,
extinguida distinguida visión de las paredes.
Soy la pluma del árbol, soy la esfinge aterrada.
Traspasar el cadalso,
ir como María Antonieta o María Estuardo
a enfrentarse, a cortarle las alas a Pegaso
para que no me mate con su amorfa cuchilla.
Es mi espejo que irrumpe en las habitaciones.
Es la figura ancestral que pide sangre.
Es la gota que escribe en las paredes,
es el hilo menstrual en descubierto cielo.

Estás ahí, ciudadana del mundo,
contemplando tu espejo, sin preguntas.
Afilando la hora, marcando tus líneas agotadas.
Ahí de frente te saludo.

No, no vine a mi juicio.
    Vine a enjuiciar al hombre.
Habitantes, Hijas del Pueblo
S e ñ o r a s y S e ñ o r e s
Abran los brazos y canten como en las pastorales
    ELDOMINUSVOBISCUM.
Ahí está el Éufrates, la milenaria ostentación del Vellocino.
¿Me entienden Rencillas Redes Patronímicos?
                  ¿Fratricidas?
Ahí estás en esas colas, en esas aves que picotean,
en esas líneas, en esa geometría,
    en esa sonda de obstáculos.

Ahora sí que voy a llorar. Pero sí, lo sé.
Todos lo esperan. Pero no. No repito la escena.

Estás, eres el juez.
Eres el enajenado aquel que no mira las flores
ni sabe su nombre. No conoce de nombres.
Eres aquel que ríe por todas las sandeces,
ese que no lee ni sabe de números.
  Eres el espantapájaros.
Eres el que nunca pensábamos nos salvaría.
Eres quien me comprende.
El que pones los dedos en mi herida y la alivias.
Eres el que en la infancia no temiste a la muerte, el sirviente.
Eres esa mano fortuita que me aguanta las sienes.
Eres aquel bobo del barrio que camina con las paticas zambas,
el que hace que todos repercutan en risas,
el que lame los suelos,
el que no espera un puesto en el espíritu,
el que recibe la muerte y la vida, dos mellizas.

Aire, cuando entras en mi pecho se ensancha la verdad.
Aire, cuando me tocas duermo como ángel capaz, sin ilusiones.
Alivio, aire, te vas en mi pecho como las bocanadas.
Puedo redimirme ahora que estás dentro.
El lenguaje: déjame ver qué diría para hacerte más bella.

Los juguetes de mi hermana
eran un enano y la isla rota.
En la isla deshabitada se movía el sordo mudo
episodio.
Sus ojos no podían fundirse con la línea del horizonte,
ni extender los brazos y recibir amor.
Amor daba,
pero no podía mirar las rutas
donde el enano andaba.
Hermana, frío y temor me acongojan.
Veo tu enfermedad afuera con formas,
esquemas, ruedas, presentándose
alimaña.
Aterida registro el interior rapado,
comiendo el primer hueco
que rastrillo.
La isla es cercenada desde el centro.
En el esternón entran los reptiles más voraces.
No puedes extender los brazos
porque los tienes registrando dentro
de mi espina dorsal.
Trato de dormirte con historietas.
Como humo te llegan,
como humo les huyes.
Trato de iluminarte con oraciones
nocturnas.
Proscritas del mundo de afuera
el mosquitero nos protege
y aunque el aire se agote

y nos sofoquemos, te cantaré tu canción.
Fuera del mosquitero está el sol,
la canción dice.
Fuera del mosquitero está el sol
y el jardín prohibido.
Dentro los monstruos grandes feos
que la noche y el espacio pequeño precipitan.
Fuera no nos pertenece. Lo que vemos
al extender los brazos y suspirar, escapa.
Dentro estamos tú y yo. Podemos tocarnos.
Podemos dormir. Mirar los insectos que atacan.
Palpamos la noche pequeña de un mosquitero endeble.
Fuera el sol escapa,
por más que cantemos, escapa.
Hermana, conformémonos esta noche.
Imaginemos un barco en este espacio,
el mar, una isla completa.
Podemos fabricar en este descanso,
Pegando las cabezas,
juntas, un horizonte.

Tengo miedo
de las acciones y los puntos
y de las pausas
y de mis preguntas
y de contestarme
y un paso que se corta
sudo cuando no puedo
y no puedo ya nunca
y hasta cuándo
y hasta cuándo
y la diligencia que no acaba
y que se esfuma
y que vuelve y que se esconde
y que miente
y que me confunde
y que no puedo decir ay
y que no puedo decir ay
y que no puedo decir ay
y que no puedo hablar
ni llorar
ni gritar
ni decir
una oración, si pudiera
una palabra
una sílaba.
Si pudiera, aunque fuera
ronca, partida
en sonidos decir
no, no, no, no.

ORESTES

Orestes es un niño limpio y lánguido.
Clitemnestra lo besa en las pupilas,
le acaricia los brazos.
Cada mañana lo coge de la mano
y le enseña los buques
mientras besa sus labios.
Orestes es una niña de Micenas.
No hay todavía caballos, ni armas
ni órdenes, ni piras.
Solo unos ojos serenos y una sonrisa.
Orestes es el aire más fresco.
Sus dedos todavía revisan
los vientres de las mujeres.

En medio de todo
los ríos tienen agua.
Las montañas miradas entre dos columnas
continúan la majestuosidad del tiempo.
Es un tiempo de paz
y Clitemnestra es la reina de Micenas.
Los pozos se taladran
y el pan no es crudo como en Troya.
Los hombres no existen.
La fortaleza se abre como un puente.
El sol es grande, y Micenas vive.
Las rocas se mecen en la arena.
No hay ovejas perdidas,
los toros no desangran.
Por la tarde un cortejo de barcos pasea a los hijos.
La madre mira
y por un momento la tragedia
se llena de resignación, se olvida.
Los leones de la entrada no rugen
y no hay presagios.
Quizás no, no todavía.
La muerte se ha aceptado.
Ahora están las colinas
aguantando la brillantez inescapable.
Hay paseos a Corinto, hay juegos.
Electra peina a Orestes,
Orestes a Clitemnestra.
Guirnaldas pasan, tejidos se siembran.

Los templos se han llenado de vasijas, ambrosía.
Las mujeres asisten,
pitonisas con pelo peinado,
como ríos que ríen.

DAMARIS CALDERÓN CAMPOS

Damaris Calderón Campos (La Habana, Cuba, 1967). Poeta, narradora, pintora y ensayista. Ha publicado más de doce libros en varios países entre los que se cuentan Cuba, Chile y México. Entre ellos, *Sílabas. Ecce Homo, El remoto país imposible, Duro de roer, Los amores del mal, Parloteo de Sombra, La extranjera, El arte de aprender a despedirse* y *Las pulsaciones de la derrota*. Ha participado en festivales de poesía internacionales en Holanda, Francia, Uruguay, Argentina, Perú, y México. Parte de su obra ha sido traducida al inglés, al holandés, al francés, al alemán, al noruego y al servo—croata e incluida en numerosas antologías de poesía cubana y latinoamericana actual, entre ellas: *Otra Cuba secreta, antología de poetas cubanas del XIX y del XX*; *La poesía del siglo XX en Cuba*; *Cuerpo plural, antología de la poesía hispanoamericana contemporánea*; *Poesía cubana del siglo XX*; y *Jinetes de aire, poesía contemporánea de Latinoamérica y el Caribe*. En 2011 obtuvo la beca Simon Guggenheim; en 2014 le fue otorgado el Premio Altazor a las Artes, en el género de poesía, en Chile; y el Premio a la mejor obra publicada por el Consejo Nacional del Libro y la Lectura. Actualmente se la puede ver en Isla Negra, caminando con su perro y su sombra, *ligera de equipaje*.

LA SOÑANTE

Larva hombre mujer
barrida por el viento sur
va la muerte portando su fanal.
En los patios con olor a lejía

hunde su cetro
cierra los ojos
sueña un capullo
para sí.

El cuerpo
una mortaja
crisálida
de bien morir.

Quien trafica con vísceras:
el cuerpo no obedece
se desvanece
y se convierte
en sombra.

No el aullido
la sutileza
de la sombra.

La soñante:
sin otra tierra que el país de los párpados.

Henchida por el sueño
rompe la red de sus propias visiones.

Las venas descarnadas
el árbol, que se te parece
y la caída de las hojas
la conversación silenciosa
la claridad de morir.
Venga la noche.
Venga la madre y lance su carnada
al remoto país imposible.

LA ANUNCIACIÓN

La vi en la máquina de coser
en la cara deforme de las vecinas.
La trajo el vendedor de pan de periódicos.
La vi jugando béisbol
(en pelotas).
Me acorraló.
Me abrió en dos el pecho.
Me raspó con espátula.
Después ya no vi más.

La tuberculosis tiene cara beata.
Y las beatas
de niñas muertas.

Es ese alcohol de alucinación amarilla
del mediodía en los campos pobres de Cuba.

(Mantener las rodillas fuertes
para interminables vagabundeos.
Conseguir el color hueso de mis huesos).

Un lobo hambriento y solitario.

Un lobo hambriento y solitario
pinta
en la alucinación amarilla

del mediodía de los campos de Cuba
(donde todo desaparece)
su propia sombra.

Mi propia sombra tiene piernas largas
salta el corral
se emborracha
se extiende como una sábana
donde recojo la luz.

Miren el blanco rasguñado
El trapo nacional.
El sudario.

Mírenla bien.
Una mortaja no es otra
cosa que un trapo
con pretensiones

solemnes.
Sólo he pintado mortajas.
El blanco rasguñado
El trapo nacional.
El sudario.

—No hay amor, soplaron las cañasbravas, vacías,
como los cuerpos huecos de las palmas.
La madre se hizo un terrón en la mano
 y la mano, un puñado de hormigas.
(Las cañasbravas diciéndonos lo mismo,
cortándonos las piernas): —No hay amor.
Los peces muertos y los caracoles
hablando el oscuro dialecto.
Los plátanos tumbados en tierra, por la tormenta,
guardan en secreto
la poca luz. La madre tropieza y levanta los troncos,
pone a secar (extiende) la sábana blanca,
el sudario, la poca luz.

¿Pero qué esconde
el bodegón sin frutas
la alucinación amarilla
el mediodía pobre en los campos de Arles
 de Cuba?
¿Un esputo?
¿Una oreja tuberculosa?
¿Dos peces muertos o dos peces vivos
moviendo las branquias
haciendo lo suyo
por respirar?

Sáquense los ojos.
Vengan a ver.

Y entonces vi lo que no habría querido
pero una no elige.
Los cuerpo rojos
los cuerpos azules los cuerpos larvas
los cuerpos—no cuerpos
la procesión
el dueño de los caballitos
el residuo
el desecho
el Cristo saliendo de Juanelo
en la luz negrísima
del trópico.

LOS FRUTOS QUE LA DEMENCIA IMPULSA

Los comimos al alba
de noche los comimos
en los amaneceres
interminables
en los mediodías
de los pobres campos de Cuba
cinco generaciones
de hambre
    hija de
    nieta de
    madre
    de
la ausencia del fogón
ojos vacíos que nunca fueron perlas
la ropa sucia puesta a secar y el muñón
y el monzón
el huracán
la tierra removida:
—¿en qué lengua hablábamos cuando hablábamos?—
el viento vino devastó y se fue.

Una vuelta en redondo
y caer
como la palma fulminada.

EN EL MEDIODÍA DEL SOL DE LA TARDE

Los cuerpos se ponen a secar
los brazos se clavan en cruz
la cruz se convierte en hoz
ciega
siega.
La crucifixión amarilla
en el mediodía del sol de la tarde
en los amaneceres de Cuba.
El sembrador
el recolector de semillas
el segador
el verdugo de turno.
La cruz la hoz
hogaza de pan
mendrugo.
Ahí los hombres
los campos de cultivo
las extensiones infinitas
de los brazos y las paralelas.
Todo en un mismo haz apretado.
Los cuerpos se secan
los brazos vuelan y se clavan.
La hoz siega
ciega
en el mediodía del sol de la tarde
los pobres campos de Cuba.
La crucifixión amarilla.

EL DESIERTO FAMILIAR

La familiaridad del desierto
el vacío va instalando sus formas
el deseo desaparece/ avanzan las dunas:
    padre muerto, enamorada muerta, amor muerto,
cruz metálica sol milenario recién nacido
que se comen el viento y la arena.
La invención del tiempo, la invención
del reloj de arena la invención del cronómetro el auricular
el diccionario el silabario el relicario la mano.
Una civilización, un país: un puñado de escombros.
Humus, árbol, cenizas, hojas, ojos, manos, panes,
peces, la boca, el alimento de la boca, granos,
pájaros, intestinos, semillas, hojas, humus, detritus,
pies, pisadas, letras, fórmulas, canciones,
descubrimientos científicos: un puñado de escombros.
El dialecto del desierto, la conversación
imposible: el hambre del hombre, el hambre del
desierto, dos molares incisivos enfrentados,
caravanas interminables, señales desesperadas,
ilegibles. Una mandíbula de caballo: la carroña
profética entre el roquerío.
La falange del desierto, la legión de soldados de
arena diluyéndose en la arena, la canción dentada,
monótona, sin fin, donde no existe nada, salvo el
desierto, que avanza, cuando el deseo retrocede.

LENGUA NATAL

La tierra abreva palabras: liquen, musgo, anís,
salamandra, cundeamor,
henequén, rompezaraguey
palabras—bulbos raíces.
El colibrí trae otra vez el fuego
el relámpago rojo sanguinolento tropical
el aguacero va arriando las sombras las nubes negras
la neblina la lepra disipa las formas
    devora las caras
los bueyes trazan la costra la dura pezuña la escritura
    los surcos cuneiformes
El romerillo habla en humildad
    de yerba agreste a yerba agreste
con Emily Dickinson.

EL BIOMBO DEL INFIERNO

El pellejo del sol
teas   carbones   carboncillo
manchas / trazado a manchas
rayados
holografías
una balsa sobre cuatro toneles
de ron
náufragos , puntuales, que siempre regresan, sirenas
a medio camino, hombres
batracios atravesados por anzuelos
arpones.
Cuerpos proyectados en la sábana blanca sucia
del mediodía de la tarde de las mañanas
de los amaneceres interminables
en los pobres campos de Cuba.
El huracán.
No Dánae ni el Nilo entretejido
por corpulentos animales de nieve.
El huracán.
El diente'eperro
El diente'eperro
mordiendo las costas los tobillos
la ponzoñosa vegetación tropical.

Hinchadas de opio
de un pueblo que se deshace dejando sus testimonios

moradas como cardenales
como hematomas
las lustrales aguas.

El sueño chino de un pintor opiómano
traza en una caligrafía vacilante la piel difunta
las figuras infernales.

COMO SI FUERA EL ESCAMANDRO

Como si fuera el Escamandro
salido de madre
o la madre
salida de una ensoñación
vaciados los ojos por lo real
el Mayarí
las aguas
partiendo la isla
el pan duro
una y otra vez.
Si viéramos
si el ojo todavía fuera
si pudiéramos ver
alguna luz
si las palabras no estuvieran también húmedas
hinchadas
una bandera puesta a secar
una bandera que no se seca
una bandera que envuelve a un hombre
(lo desampara)
en la crecida del río
¿un estremecimiento?
Un pedazo de carne viva manifiesta su vida ante todo por
el estremecimiento; una pata de rana bajo una corriente
eléctrica se estremece; el aspecto próximo o el contacto de una
cosa horrible o aterrorizadora hace estremecer cualquier masa

de carne, de nervios y de músculos.
Vieron entrar al gran Príamo. Se detuvo,
apretó las rodillas de Aquiles, besó sus manos,
terribles, matadoras de hombres,
que le habían asesinado tantos hijos.
Pinar del Río, Gibara,
Viñales
casas color terracota
desaparecidas en el humo de un habano
en la corteza quebrada, mitad pústula
mitad piña laqueda por la frente
las vacas descuartizadas
pasan
para qué manos
de un nonato Chagall.
Pasan las palmas degolladas
la familia los campesinos famélicos felices.
La cresta roja del gallo va tiñendo la isla
de un rojo sepulcral.

Jatibonico, Chaparra,
se van perdiendo los nombres
las imágenes corroídas por la sal.
El miedo iguala
el estremecimiento de una pata de rana
al de un hombre
bajo una corriente eléctrica.

LA EXTRANJERA

Tus cartas terminaban siempre:
«A ti que estás en un país
extraño y lejano».
 Cuando todavía podías escribir,
cuando tu mano aún era tu mano (un látigo)
 y no un manojo de nervios, un temblor.
La primera navidad fue también la última, reunidos
bajo el árbol que ya no veías, apiñados como hojas.
Salí al patio a limpiar las hojas.
(Tú escuchabas el rumor).
Dijiste que no era necesario
que la maleza volvería a inundar la casa.
Pero yo me aferré a ese gesto inútil.
Te veía avanzar dibujo de Ensor, calavera de
Guadalupe Posada.
Estuve años con la plantilla de tu pie en el bolsillo
para los zapatos fúnebres.
Pero en la muerte no hay grandes pies ni zapatos.
En la manera de negarte la tierra, soy tu hija.
Soy ahora el lejano y extraño país.

LAS PULSACIONES DE LA DERROTA

Los hijos de la época bastardos de la época
vimos héroes enemigos en los techos vecinos.
Amigos descolgándose colgándose
paracaídas pantalones de camuflaje
piernas brazos pedazos hombres
abonando campos minados.
Vimos rodar la cabeza de Lenin
en el desierto de Africa
en las estepas de Moscú.
La historia vació
nuestros platos nuestros ojos
nuestras costillas
(Le daban en el lugar roñoso
no pedía
le daban
le).
ofrendándose
haciéndose uno con la tierra
humus con la tierra
bosta con la tierra
tierra con la tierra
el terruño clamando reclamando
sus huesos sus articulaciones
el terruño tragando y escupiendo
(pedía

le daban
le)
hasta que la madre se secó los ojos
en la única camisa superviviente.

FIN DE AÑO

Las mujeres no tienen nada que darme.
Los hombres no tienen nada que darme.
Los niños no tienen nada que darme.
Mi madre no tiene nada que darme.
El sol la tierra el viento el agua
el desierto el mar el océano
no tienen nada que darme.
El verde no tiene nada que darme.
Los pájaros
(su canto)
no tiene nada que darme.
La vida no tiene qué darme.
La muerte no tiene qué darme.
Yo
no tengo nada que darme.
¿Para qué brindar entonces
deseándonos nuevos destinos?

PARA CERRAR LOS OJOS

Toda mi vida soñé con los caballos.
Ser un caballo.
Astas de viento.
Ancas de viento.
El vigor de los jóvenes potros.

Ahora que voy a morir
déjame ver los caballos otra vez.

Cuando la lengua se deshace
sin palabras ni tierra que pronunciar.
Cuando la espuma deja a mis pies
un cerco efímero
y todo es borrado por las aguas
barrido por la niebla
déjame ver los caballos otra vez.

Una carrera.
Otra carrera.
Ninguna carrera.

Cuando el manzano es la memoria del manzano
       su cáscara.
Déjame ver los caballos otra vez.
Puro vigor.
Puro deseo animal.

El macho monta a la hembra.
Muerde el pelaje.
Dobla las patas.
La penetra.
Escucho el relincho.
Tiemblo más que la hierba húmeda.
Vencida.
Despojada del *hábito de ser humanos*
déjame ver los caballos otra vez.

EL GRITO PRIMORDIAL

(El hombre, expatriado y expulsado de la ciudad
y sus vínculos humanos, vuelve a ser, otra vez,
el animal).

El tigre encerrado entre cuatro paredes
en los centímetros del sol de su piel
olfatea
domesticado
un temblor una avidez lo recorren
las ganas de desgarrar
un cuerpo
de clavar los colmillos
buscando al centro un corazón
roerlo
despedazar el cuello delicado
de la presa
alcanzar la carótida.

Relámpago del infierno
yo he sido ese tigre.

SONIA DÍAZ CORRALES

Sonia Díaz Corrales (Cabaiguán, Cuba, 1964). Poeta y narradora. Ha publicado: *Diario del Grumete* (Vigía, 1996), *Diario del Grumete* (Sed de Belleza, 1997), *Minotauro* (1997), *El hombre del vitral* (Idea y Aguere, 2010), *El puente de los elefantes* (El barco Ebrio, 2011 y Capiro, 2015), *Noticias del olvido* (Hoy no he visto el paraíso, 2011 y Entre las nubes, 2014), *La hija del reo* (Letras Cubanas, 2015), y *Los días del olvido* (Efory Atocha, 2016). Sus poemas aparecen en las antologías: *Retrato de grupo* (1989), *Poesía infiel, antología de jóvenes poetas cubanas* (1989) *Poetas del Seminario* (1992), *Un grupo avanza silencioso*, Universidad Autónoma de México, Ciudad de México, (1990), *Poesía Cubana de los años 80* (1993), *Antología de décimas* (2000), *Todo el amor en décimas*, (2000), *Mujer adentro*, (2000), *Puntos Cardinales. Antología de Poetas Cabaiguanenses. Parte I, Puente Colgante*, (2000), *La madera sagrada* (2005), *Como el fuego que está siempre* (2009), *Paisajes interiores* (2010), *Antología de la poesía cubana del exilio* (2011), *La catedral sumergida* (2012), *Bojeo a la isla infinita* (2013), *Once poetas a la sombra* (2015), *Poetas cubanos en Canarias* (2015), Ha obtenido los premios Bustarviejo, de Madrid; el América Bobia, de la Ciudad de Matanzas, Cuba; V Premio Letterario Internazionale Indipendent; y el Premio Abel Santamaría, de la Universidad de Las Villas, Cuba. Ha sido, además, finalista del Premio Casa de las Américas, 1998 y Premio de la Crítica Literaria, 2016.

PRIMERA LETANÍA SOBRE LA MUERTE

Para V.B.

Y cuando muera
no dejen que vengan los extraños
a inclinarse sobre mi rostro
a disecarme el alma
como un gladiolo mustio,
a hacer sus comentarios sobre mi cáscara
a lamentar mi cáncer
tomando un café de funeral
gratuito y apoteósico.
No los dejen
quedarse a fingir
que fueron mis amigos
que alguna vez me vieron mansa
me vieron bella
me vieron llorar
me vieron desnuda
o dulce
o mesurada.
Cuando muera
puedo darles mis vísceras
quedar detenida y vacía
como un tiesto lleno de agujeros.
Pero no los dejen
a los extraños

maquillarme un rostro de viva
peinarme este desorden que traigo desde siempre
no los dejen
a los vivos
hacer su pobre juicio a mi favor
su tinte de acabado
sobre mí.

DETRÁS DEL VIDRIO

Los elefantes rompen la cárcel de cristales que es mi casa.
Como en un palacio de cristales caídos
me he sentado en el trono
desde donde mi casa se gobierna.
He visto cómo los elefantes con sus orejas enormes
abanican el vidrio de mi casa
los vidrios astillados de mi mesa
las vidrieras donde guardé mi corazón como un pájaro inmóvil
casi exhausto.
¿Quién no tuvo tras los ojos una casa de espejismos
para vivir el aire domesticado de los días?
¿Quién va y vuelve desfigurado entre láminas finísimas?
Se vive entre cristales la inusitada transparencia
la frustración de una libertad llena de límites y exabruptos
llena de rotas paredes y tapiadas puertas.
Se sueña con los ojos detenidos
un sitio para irse
donde no haya que tener este excesivo cuidado
para no romper la casa
con solo el humo del aliento
con el ligero roce de los pasos
o el parpadeo
o la caída de una lágrima.
Tuve una casa que no pudo trasponer la pared del cuerpo
apuntalada
de agudos vidrios

de dientes fabulosos.
Lástima
no se puede tener al unísono
una casa de cristal
y una manada de elefantes
cosas tan absolutamente necesarias
y hermosas.

VENCER EN LO MÁS TRISTE

Anoche me acosté con un hombre y su sombra
Carilda Oliver Labra

Héroe
no me deshojes flores sobre el cuerpo
que pudren el alma
y luego apesta.
Dime, ¿de qué nos conocemos?
¿De otro rato en la cama?
¿De algún trago de más?
¿De la desidia?
¿De qué supones que estoy hecha?
No me salves
de estas sábanas toscas
de este gemir de fiera.
Héroe
vuelve a doblarme las rodillas
desgástame el cielo con la lengua
guarda las armas
los límites
las cantinelas.
Soy tierra de nadie
no caben más silencios en este *ring* sin cuerdas.
Lléname los vacíos
no confundas con fragilidad lo pálido
no me salves de nadie

ni del suicidio
ni del mundo
ni del verso.
Héroe
gotéame la noche sobre el pelo
destéjeme las trenzas con la vehemencia del abrazo.
Tu sombra eligió morir contra mi sombra
sin testigos
quisiste vencer en lo más triste:
en la terca soledad de un cuerpo.
No me salves
después de todo a nadie importa
dibújame otra herida sobre alguna de tanta cicatriz
dibújala sin sangre
sin drama ni matices
para que nunca te recuerde.
Déjame todas tus fiebres en la boca
si blasfemo cuéntame los dientes
rodéame
escríbeme una canción sin letra
grita hacia adentro
no pares
que hoy vamos a morir de fuego amigo.
Héroe
la culpa no es de nadie
no llores cuando te deje atravesarme el alma
déjame lisa
como dejan a la arena las mareas.
Y cuando caiga
leve
o brutal
de saciedad vencida
no me beses
no me salves tampoco
de la versión más triste de mí misma.

INSTANTÁNEA DEL TIEMPO

El tiempo
doblegado ante la fealdad del mundo
invertido en un mundo que no se ha dado cuenta.
No consuela suponer que lo hemos compartido
que también recibimos el tiempo de los otros
cuando los otros se van
y se llevan el tiempo.
Y al siguiente día
al siguiente año
sigue cayendo una lluvia rota en las mañanas
un desengaño lento.
Amanece la fuente helada
como un espejo turbio
y si escuchas bien puedes oírme
soy estos cantos y silencios
yo soy esa que tose y se avejenta.
El tiempo el tiempo ido
invertido
incautado por los demás
helado en los chorros disímiles de la fuente.
Pronto será tiempo líquido
y se irá también hacia la entelequia o el después.
Está amaneciendo
y llueve
como si no pasara nada.

DISCURSO DE LA HOJA

... porque solo en la ilusión de la libertad, la libertad existe.
Fernando Pessoa

Este es el precio de la libertad
y no sería tan alto si la libertad fuera lo que dicen,
si no hubiera una traición espantosa
detrás de cada libertad nuestra
a la libertad del otro.
Ninguna libertad es mayor que los días de aire
cuando soy una hoja.
Ninguna libertad vale dar —o soportar—,
esos gritos obscenos
esos golpes bajos,
el drama del amor dejado
pospuesto
escrito en inteligibles trazos
con la excusa de la libertad.
No vengan a contarme las razones de los déspotas,
esta es la más trágica:
apresar el alma en la mentira de la libertad
de los que patean gritan y golpean,
dejan el amor o lo posponen.
No me cuenten que los déspotas no creen en el alma
no contemplan el alma como posible.
No me cuenten
las razones

de los que entran en el juego,
los conozco
tengo experiencia.
Veo el rostro de los déspotas
tatuado en el antebrazo de la feminista extremista,
tatuado en los lemas que repiten los niños,
en el cráneo de los ultras,
tatuado en el hombro famélico
del hombre mayor de dudosa ideología,
en la camiseta del estudiante de ciencias políticas.
El rostro de los déspotas se vende como un despropósito
insiste en perpetuarse en los dineros
que compran o pagan
los oficios en los que nos prostituimos.
Pero yo soy una mujer común,
inmune a la seducción de los despotismos,
al atractivo de los tatuajes.
Vivo aferrada al alma
aterrada del alma
y del vicio de ligar el alma con la muerte.
Yo quiero cuando me muera
ser una hoja
        que cae
y es parte del otoño
arrastrarme por la tierra
sin que nadie diga que estoy loca.
Ir a la deriva
en un remolino formidable
sopesar la humedad con todo el cuerpo
cuerpo plano
arrugado corazón de la hoja.
¿Dónde está el corazón de la hoja?
Díganme dónde
los que comprenden las razones.
Soy una hoja
sin patria
me pudro entre otras hojas que no me reconocen
me devuelvo a la esencia
mientras el aire agita la blancura de la ropa

como banderas de rendición ante lo evidente:
la libertad es otra rancia artimaña.
Obsesionados por la libertad
nos olvidamos de la libertad
del cielo y de la noche
de los anillos de Saturno
de la arena caliente de la playa en los atardeceres
de la belleza de los caballos
de esa hoja que cae
sublime en su forma de caer
sin amo
sin más lógica que el imán de la gravedad.
Todo es belleza en la hoja que cae:
la belleza es la única y definitiva libertad,
un instante sobre la nada del aire
—que sigue agitando banderas de rendición—
aunque la hoja que soy repita libre
        libre
         libre.
Como una hoja caída
y libre
me pudro.
Se suceden las estaciones mientas me pudro.
Los que no saben dónde está el corazón de la hoja
pensarán que me pudro porque no comprendí la esencia de la libertad
los ciclos de la libertad
su pacto con todas las traiciones.

BOLETO CURSI PARA EL ÚLTIMO TREN

Dicen
que en breve
pasará el último tren.
Y yo estaré dormitando junto a la ventana
vieja
rota de tantos vaivenes
distraída.
Dicen
que pasará
un último hombre posible
excepción
pateando piedrecitas por la acera del frente
distraído también.
Y le veré apenas
trastocado por la neblina de mis ojos
por todas las neblinas que me cercan
y limitan.
Y no saldré a su encuentro
sino que me pensaré a los treinta y uno
a los cuarenta
todavía ilesa
saliendo al encuentro de este hombre
que llega ahora
tarde.
Me evocaré
huyendo de otro hombre
del modo terco en que le amaba.

Yo que presumía de memoria
sinceramente no recuerdo
en qué sitio nos hicieron esta foto marcada por el verde
esta foto donde nos abrazamos.
Eso sí lo recuerdo
este abrazo sin más
sin paisaje
sin foto
sin memoria
sin nosotros incluso
el abrazo solísimo
donde yo abrazaba
o parecía abrazar
y aún sigo pareciendo.
Dicen que pasará sin que lo note
la belleza
la mirada que distingue la belleza
la percepción real de que esa será la última belleza
el último poema
el último hombre.
Dicen que es posible todavía
sigo con los ojos entreabiertos
el corazón entreabierto
esta nimia ventana entreabierta.
Pasará
el último tren
lleno de esperanza en mí
en que yo esté dispuesta
atrevida y feliz
ansiosa de tomarlo.
Pasará ese tren
—dicen que siempre pasa—
y luego habrá silencio
un vacío de vida
enorme
donde caerá despacio esto que escribo
boleto cursi o poema
no lo sé.

BUCLE DE LOS SUEÑOS CON CUCHILLOS

Mientras aquí nos cortamos las venas
con cuchillos afilados
en otros sitios del mundo no hay cuchillos
no hay venas
y la sangre corre en coágulos enormes.
Nuestra sangre alimenta a los vampiros de las máquinas
que repiten con voz monótona:
Si quiere invertir en un sueño pulse uno.
Si quiere que el sueño sea feliz pulse dos.
Si quiere que alguien en el sueño le ame pulse tres,
los amores de dos están inhabilitados por primitivos y arcaicos.
Si quiere un bosque de abedules pulse cuatro.
Si quiere girasoles pulse cinco.
Si no tiene saldo pulse asterisco y digite su código de vida.
Cuando haya digitado la cantidad de vida que desea pagar por el sueño
volveremos a darle instrucciones.
Si la cantidad de vida no fuera suficiente
diga con claridad insuficiente
y le enviaremos un sucedáneo de vida
que no será como el sueño deseado
pero igual le hará dormir.
Escuche atentamente
y si no comprende revise su manual.
No olvide agradecer esta oportunidad
o podríamos privarle de su cuchillo.
Nosotros nos cortamos las venas con cuchillos afilados

mientras soñamos con esos otros mundos
donde tener algún cuchillo es
la máxima aspiración de un ser humano adulto
puede que hasta cuerdo y educado
a la espera de un sueño de amor.

ELEGÍA DE LOS DESEOS

Quise tener una gorra de la NAVY
y unos toscos zapatos de cuero verde
y una de esas barcas blancas
que se ven de tarde en el San Juan*.
Yo quise tener los ojos azules
y una hija
Dios sabe cuántas veces le puse nombre
y apellidos
no los de padre y madre
sino los más hermosos
que es como se le debían poner los apellidos a las niñas.
Quise tener un caballo dócil y ligeramente blando
y un abanico de olores en la cocina de la casa.
Quise, claro, tener una casa
dos valvas para esconder el cuerpo.
Quise, pero no pude
y me consuela saber que en algún sitio
alguna mujer fue feliz
cuando tuvo a mi hija
—aunque le haya puesto los más vulgares apellidos—
cuando tuvo una casa llena de olores
cuando con mi gorra, mis zapatos y los ojos azules
montó en mi caballo
o bajó en mi barca por el San Juan.

---

* Río que atraviesa la ciudad de Matanzas.

YO, JUAN

> *Yo Juan soy el que oyó y vio estas cosas.*
> *Y después que las hube oído y visto, me postré a los pies del ángel...*
> Apocalipsis 22, 8

Escondo los estigmas.
Invierto en esta piel que va sobre la piel.
Pienso en el fin,
deseable o no,
y pienso en Juan;
mínimo,
aplastado por la recurrencia del número siete,
aplastado por las visiones del fin,
por el fin mismo.
A Juan le hablaban los ángeles
en sordina, con voz de trompeta,
—ahora nos habrían convencido de que alucinaba—,
le mostraban caballos y jinetes
y un dragón
y una ramera
revelaciones para cínicos y cándidos.
Los ángeles dejándole ver el final
ese final que se regodea,
se retrasa.
No dijeron nada del ahora,
quizás temían anunciar este vacío
esta muerte doble

en la falta de significado de la vida,
este depósito a fondo perdido:
dinero que ganar
que pagar
que dolerse de no tener
que envidiar a los que tienen.
Qué gran silencio el de este tiempo
solo tenemos ángeles que callan
una legión de simuladores y enfermos.
Hoy ha venido un ángel
—supongo que era un ángel
porque todavía recordarle sobrecoge—,
y hay un estado de gracia
una cierta compasión
rondando.
No me mostró nada
no dijo una palabra
puso este sello sobre mi boca
y se fue
arrastrando su ala única
impar
aterradora.

APOLOGÍA DE LA NADA

Amo los caballos cuando van veloces hacia la nada
amo el mar cuando llega a la nada de la arena.
De los caballos amo su altivez
la brillante sagacidad del ojo
del mar amo como envuelve la arena
y le deja esa huella lisa y fugaz
en ambos el leve temblor de lo perecedero
ese instante en que saltan los recios músculos
ese mínimo instante en que el agua
salta sobre el agua
y tiemblan ambos
porque saben
yo lo sé
que van hacia la nada
y aún así
no se detienen.

BESOS Y MELOCOTONES

Uno piensa en el melocotón
confuso y amarillo
moteado de rojizo en la cáscara
destilando ese jugo dulzón y pegajoso
adictivo.
Uno piensa en melocotones
en cuántos años pasó imaginándolos
sin saber que existían como son
y entonces ve a los que se besan en público
mientras caminan por la fresca alameda
de la Plaza de España
y van hacia la fuente
seguro van hacia la fuente
si yo fuera esa muchacha iría hacia la fuente.
Los que se besan en público
me hacen sentir miserable y vieja
espantosamente llena de envidia inconsciente.
Pero recuerdo los melocotones
y me siento afortunada.
Quedan tres melocotones
en la bolsa contaminadora del supermercado
así que tomo uno
al azar
y besándolo camino por la alameda
muy despacio
hacia la fuente.

ONÍRICO PARA LAS PASCUAS DE UNA MESA

> *... en toda ofrenda tuya ofrecerás sal.*
> *Levítico 2.13*

> *Vosotros sois la sal de la tierra.*
> *San Mateo 5.13*

La mesa es sólida y baja
no disimula sus rasguños.
El café humea en una columna que se tuerce.
Pongo los codos en la tabla rectangular
pulida a tramos
incierta en sus orígenes.
Sé que hubo un lugar para esta mesa
en una estancia amplia luminosa
por las ventanas se ven los montes de Moab.
Coloco la mejilla sobre la superficie
y la mesa desprende los olores de su vida:
ese bosque en el Líbano
donde crecen los altos cedros de Dios.
Un hombre fuerte y paciente
mide corta pule la madera
y conserva para el resto de su vida las manos olorosas.
La mesa estrena el aposento alto en la casa de José de Arimatea.
En el día de la fiesta de Pascua
el maestro y sus amigos celebran
a la luz de lámparas de aceite

en el Pésaj más excéntrico de sus vidas
se pasan el lebrillo con el agua de las abluciones
recuerdan la libertad
que les acompañó a la salida de Egipto
en el desierto
la columna de fuego y el maná
del que solo tomaban para un día
y cantan los salmos del Hallel:
Aleluyah! Alabad siervos del Señor, alabad el nombre del
Señor... Desde el levante del sol hasta el ocaso sea alabado el
nombre del Señor...
Al centro de la mesa la fuente del cordero pascual
ofrendado al mediodía
en el primer turno de sacrificios del templo
rodeado de ajos
de hierbas aromáticas y amargas
cuencos con salsas
y panes ácimos
redondos y planos.
Cada uno sostiene su cuchillo de hueso
y se acercan la sal
que acaba siendo derramada
por el traidor
y el maestro moja en la salsa oscura un trozo de pan
envuelto en una hoja de lechuga para dárselo.
Toman el fruto de la vid que sirven de jarras colmadas
haced esto en memoria de mí les queda encomendado.
La mesa
no recuerda si en verdad esta es su historia
pero susurra las palabras del maestro: *misericordia quiero, no sacrificio*
y humildad
nuevas leyes de amor para los hombres.
Levanto el rostro y saboreo el café
caliente todavía.
Desentraño estas manchas
vetas claras
que simulan rostros
y entre todas está la cabeza decapitada del Bautista
para agasajar a Salomé.

De nuevo pongo la mejilla sobre la mesa
y dudo
podría ser que la mesa y yo alucinemos
aun así es hermoso
me gusta esta mesa con historia.
La mesa sostiene el cuerpo de una mujer hermosa
en ella un hombre engendra hijos
dejan sobre la mesa jugos babas sudores trapos y gemidos
una rosa de sangre virgen que luego difumina el roce
de los cuerpos
y derraman la sal
que cae y se dispersa
sin conseguir que paren
que detengan el amor
el sexo el ansia la agonía.
Sobre esta misma mesa han firmado papeles
de vínculo
con simples gestos de desidia
como quien se rinde a la evidencia
a la necesidad de los rituales.
Sobre esta misma mesa la mujer
menos hermosa ya pare los hijos
con dolor
como Dios manda
a grito pelado
a puros sudores
y sangre pródiga oscura
—que no debemos confundir con la limpia sangre del
cordero—
el cordero de Dios daría por limpia esta sangre
sacrificio que da vida
pero no puede
por cuanto todos hemos pecado y estamos destituidos de la gloria de Dios.
La mesa rodeada de niños
y los abuelos se sientan en las cabeceras
como reyes distantes.
La mujer está cansada
escucha las horas los deberes
no quisiera besar a sus hijos cuando se los muestran

sanos e inocentes
tan pequeños
los que antes estaban alrededor de la mesa
ahora perseguidos
no quiere pero los besa
transida de miedo
para que los abuelos que se sientan en las lejanas
cabeceras
como reyes
no la llamen desnaturalizada.
La mujer obliga a todos a inclinar sus cabezas
aquí junto a la mía
sobre la tabla por tramos áspera
y dan gracias a Dios por los alimentos
y las bendiciones
por la libertad ganada en Egipto
por la paz que trae a todos a la mesa
aunque los niños se pateen con disimulo
por debajo
unos a otros la espinilla
y me enseñen la lengua
y yo les mire con cierto recelo
porque pueden verme bebiendo mi café
ya frío
a través del tiempo
de la miseria de la traición
que el tiempo separa de otras infinitas miserias.
Los niños derraman la sal antes de que la madre finalice su oración
a la víspera instruidos por la lectura de Hagadá
en la celebración del Séder de Pésaj
quien encontró el afikomán escondido se sienta en la cabecera con los abuelos
y cantan los salmos del Hallel
como ángeles greñudos y mocosos
marcados por la estrella de Israel
símbolo de los que morirán.
Debajo de la campana de cristal del cielo
cielo castrado
donde solo sobreviven nebulosas
que luego se tornan en esvásticas

en extremos que no comprendo o juzgo
porque para juzgar tendríamos que volvernos como niños
y ver también a través del tiempo
cuestionar en qué momento
pasamos de ser el que muere
a ser el asesino
de ser la sal quien la derrama
a ser quien la pone en las heridas.
Termino el café con ganas de llorar
de abrazar los ruidos de esta mesa
usada frotada de vidas ajenas
regada con sangre y sal
como preparada para una ofrenda
salvada de momento
de ser llevada a la muerte sacrificial de las mesas.
La taza vacía sigue frente a mí
levito
hipnotizada en el olor cálido del cedro
y descubro con asombro que ya soy parte de esta historia
no sé bien en qué momento
he derramado la sal.

SEIS HORAS DE DIFERENCIA

Son las diez de la mañana
y del otro lado del mundo duermen
estas seis horas de diferencia
de atraso
de disminución
de franca desesperanza
aún en los relojes.
Son las diez de la mañana
y alguien
me ha recordado de modo despectivo
que aunque despierte seis horas antes
en realidad sigo siendo de allá
del otro lado del mundo.

NÉSTOR DÍAZ DE VILLEGAS

Néstor Díaz de Villegas (Cumanayagua, 1956). Poeta y crítico. Sus primeros poemarios, *Vida Nueva* (1984) y *La edad de piedra* (1992), vieron la luz en Miami, en pequeñas tiradas que incluían xerografías del propio autor. La Universidad de Redlands, California, publicó su obra de juventud en el cuaderno *Canto de preparación* (1982). Poemas suyos han aparecido en las revistas *Mariel, Linden Lane, Sugar Mule, Lateral, Plav, Lichtungen, Devir, Zunái, Letras Libres* y *Scientic American*. Díaz de Villegas es el autor de tres secuencias de sonetos: *Vicio de Miami* (1997), *Confesiones del estrangulador de Flagler Street* (1998) y *Por el camino de Sade* (2003). En el año 2000, su proyecto Cabaret Neuralgia aglutinó en un mismo espacio cultural a escritores, artistas, celebridades y rateros de la Pequeña Habana. Díaz de Villegas es editor del clásico *Little Havana Memorial Park* (1998) del poeta Eduardo «Eddy» Campa, y de *Cubista Magazine* (2004-2006). Entre 1991 y 1994 fue reportero de la vida nocturna en South Beach para el periódico *El Nuevo Herald* y redactor de la revista de chismes *TV y Novelas*. Entre sus libros recientes se encuentran *Cuna del pintor desconocido* (2011), *Che en Miami* (2012) y *Palavras à tribo/Palabras a la tribu* (2014). Ha recogido su poesía en un volumen, *Buscar la lengua. Poesía reunida 1975-2015* (2015), y su prosa en el tomo *Cubano, demasiado cubano* (2015). *Para matar a Robin Hood* (2017) es una compilación de sus escritos de cine. Reside en Los Ángeles, California.

NARCISO

En estos ojos de profeta
el mundo no verá más que ceguera proverbial
y poesía.

Ni siquiera alcanzará el espejo de sus ojos.
Ni siquiera alcanzará su corriente.

Verá el fondo, siempre el fondo,
que es el tesoro de las aguas claras

(pero en las aguas turbias
el tesoro está en la superficie).

AL SONETO

En este espejo donde yo me admiro
dejaron sus reflejos los poetas,
imagen de unos cuerpos cristalinos
que no por menos fiel es menos cierta.

Shakespeare misterioso y puro,
y Quevedo cargando con un mundo;
Miguel Ángel, ignudo tremebundo,
y Borges ciego y lúcido y profundo.

Los más grandes pasaron por tus puertas,
los más pequeños hallaron un refugio
en tus habitaciones siempre abiertas.

Soneto, viejo que nos das las tetas.
Tiresias transformista y adivino:
la madre de la patria del poeta.

CRACK

La madrugada en Flagler me dio un hijo
tosco y oscuro: lo llevé en el carro.
Fuego a la lata, el fondo del jarro
soltamos descifrando un acertijo.

Ángel caído, casi me destarro,
en mi descenso entré en un escondrijo.
«Prueba, a ver si te gusta», allí me dijo.
Vivir por ver si suelto lo que agarro.

Sísifo en manicomio lapidario
dándole vueltas a la misma piedra:
padrenuestros de un ínfimo rosario.

Cocaína en factura tetraedra
vuelta en un humo consuetudinario
que se agarra al pulmón como la hiedra.

VICIO

En contornos fatídicos el alba
rehúsa decidirse a ser mi presa:
otros mundos me rondan la cabeza,
de tan desesperada, casi calva.

Rimadores que riman duraderos,
sin el veneno del amor no canto:
necesito valor y vertedero,
algo vulgar, algo violento y santo.

Un puñal que atraviese mis entrañas,
una muerte anunciada, un desengaño
–patíbulos y sexos y patrañas.

Sin lodo y sustos yo marchito y muero,
desciendo justo donde más me elevo:
una cúspide abierta en la montaña.

LA ÚLTIMA CENA CON PEDRO JESÚS CAMPOS, 1954-1992

Me pediste McDonald's; ¿la comida
del Jackson? Buena mierda, me dijiste,
y el último hamburguer te comiste
en la Cena barata de la vida.

Si el vino en Coca-Cola convertiste,
si apartaste la copa consabida,
¿por qué no se sanó tu propia herida
con los hueros manjares que escogiste?

Este es mi cuerpo, este mi pecado,
y vine al mundo en busca de alegría
que es el néctar del cuerpo enamorado.

Ahora sobra hasta el ánfora vacía,
y el deseo es el único bocado
al que encuentro sabores todavía.

NETSUKE

En un cuarto vacío
donde todo brille
que el asombro se quede mudo.

¿Cuándo nos despedimos?
¿Cuándo decidimos dejar de decir nada
y mirarnos las caras?
Enfermos por amor al arte.

Los dueños de las galerías.
El tiempo libre.
La libreta.
La cárcel.
El carro del año.

Hablamos
de nimiedades. Perseguimos
algo que se nos escapaba
sin decir nada
y eso era el arte.

Rodeados de cuadros
de acuarelas
de acueductos.

Los lienzos mortuorios
son mortajas estiradas:
papiros que soportan la carroña.

Sonar como una campana
y romperle los tímpanos
a todo un pueblo
es el deseo secreto
de los que no dicen nada.

Nuestro exilio transcurrió
en cocinas extrañas
calentando una sopa de letras.

Comidos de deudas
pagamos seguros, y seguramente
dejamos algo sin pagar.

Casa, hijos, familia
vienen después del arte:
ellos son los culpables
de que el mundo sea como es
y no como lo pintamos.

Efectivamente, no hay tiempo
para desanimarse y
sin trabajo no podremos pagar
las deudas contraídas.

De pie no hay momento
para llorar
no hay arte que valga.

Deambular, andar sin propósito
no hacer nada, conversar,
perder el tiempo:
la absoluta convicción
de repetirnos
nos obliga a jugar.

Lo que ocurre dos veces
cae por su propio peso.

Bienaventurados los que actúan
con absoluta certeza:
fe es duda.

De que hay otro mundo
¿qué duda cabe?

Fe es la certeza de lo que existe
sólo en la imaginación.

Tumultuosas avenidas
del punto A al punto B
acortan las distancias
recortan las alas.

LOS DOS PRIMEROS AÑOS AQUÍ (SON LOS MÁS DUROS)

Mi joven esposa
sentada sobre el bastidor
desarreglada y preñada
habla por teléfono.

Que yo era un traidor, lo concedía
abandoné mi patria y me llevé
a la más bella de sus hijas:
luego, en el gran apartamento
la vida me aburría.

Singábamos en el baño
de pie contra los cisnes de azulejo
envueltos en bouquet de Cachemira
y palmaoliva
o en la cocina (borras
de café en los pies y cocaína
en las venas) en todas partes
o al revés, detrás de las cortinas
viendo pasar el mundo por la esquina.

Había espejos por toda la casa
había muebles viejos
regalo de las primas, los colores
no coincidían con las flores
de papel y la mesa tenía

carcomidas las patas de madera.
Había niños jugando afuera.

Que yo era un traidor no lo he negado.
Abandoné mi patria cuando más dolía.
Después en ninguna patria me he quedado.
La imagen del traidor me perseguía.
Huyendo de la secreta policía
me perdí en un mundo congelado.
Yo no sé si he perdido o he ganado.

HIMNO INFANTIL

El pueblo recibe una nalgada
como un niño el jabón
en la oreja. La camisa por fuera
las rodillas raspadas
y la caída a tierra.

La mirada que el niño
bajo sus verdes ojos
fugados
hunde en la careta:
el color manido del fuego
las hebras de los puños
en la nalga marcados cinco dedos.

El jabón en la oreja. Alto
abre la boca el arrodillado.

Un salivazo baja desde lo alto,
cae en la escalera de piedra.
En el piso, el niño se agarra
de las piernas. (El que mata
callando sabe que se aberra).

El niño arrodillado
mira al cielo estrellado.
Ve el ceño cruel

y el brocal del momento.
¿Quién convoca a la luna
en la piel de unos zapatos negros?

Son barcas de charol amarradas
a la orilla del cuerpo. Zambas
extremidades, los remos.

Alza la patria, el suelo.
El pueblo bajo recibe la nalgada
y el salivazo va por dentro.

JOHN HORGAN CARGANDO A STEPHEN HAWKING

Del arco a la glorieta habría treinta pasos.
La enfermera me dijo que lo llevara en brazos:
lo llevé entre mis brazos, afirmación sencilla
por neuromitológica. La senda amarilla
del otoño en Uppsala nos devolvió a Sevilla.

Pesaba mucho menos —comprobé anonadado—
que la Nada, que el cuenco de las hojas caídas;
que un jabón de Castilla envuelto en hojas pálidas
de diarios irlandeses. Incluso mucho menos
que un *Die Naturwissenschaften* viejo. La barbilla

reposaba en un nudo de corbatas y pelo.
La ráfaga de viento —ronroneaba la silla
eléctrica a lo lejos y parpadeaban cifras
de una ecuación hebraica— descongelaba el hielo.

Volvió los ojos blancos a lo alto del cielo.
La pantalla y el cuello marcados con un sello.
Abrió la boca amarga y me escupió la manga
y se mordió la lengua. Descorrimos el velo.

Atravesando el vado con el muñeco amado
como gris San Cristóbal en cósmica capilla
llegamos a la fuente del hueco perforado
en la tela del tiempo. Llegamos a la silla.

La enfermera me dijo: su risa es el regalo
de un demiurgo baldado, de un dios de pacotilla.
Tomamos Coca-Cola y comimos tortilla
mientras el firmamento lloraba, descifrado.

CHE EN MIAMI

(XVIII— Cascos de caballo, o *Das Kapital* explicado a un creyente)

Cantemos los relativos cascos 810
y los objetivos barrancos del
ganador de carreras que mete
la cabeza en la corona de gladiolos blancos,
el que con orejas merecedoras de condena
abusa de las mariposas asustándolas 815
con rabazos que repiten la cadencia
pírrica de la victoria y de la esencia.
Alcemos la invectiva donde el elogio
no alcanzó a recitar por tuberías su
enajenada vida de burro. Cerremos 820
el hipódromo por reparaciones y en
la arena de las bruscas líneas, cortemos
cocaína en rayas sensacionales para que
el caballo amanezca muerto. ¡Perdonen
nuestro polvo! Una gran cúpula está en 825
camino. Las gradas aconsejan a los
grandes elegidos. Desde sus repeticiones
corean aquellos que nos arrastrarán
al garrote vil de la mejoría.

¡Levanten las riendas y desaten 830
las bestias de sus postes!

Y todavía, hacer poesía...
a pesar de la mala experiencia.
Encontrar una excusa vacía
que permita volver en escoria 835
lo que fuera la estrella del día,
percibir otra vez en la historia
el planeta que se me escondía.
Evitar los reflejos, la euforia,
y la rueda dentada, la mía. 840
La que hiede a metal de victoria,
porque el tiempo es también plusvalía.
El caudal que acumula el ahora
y en el ente vulgar conmemora
dictaduras de proletizados 845
adueñados del tiempo robado,
oligarcas de lo acumulado
en el tiempo de lo inveterado.

Capital de lo eterno: el Estado.
Si te apropias del resto del día, 850
si el carbón de la monotonía
en el horno pintado de gloria,
un casino llamado «La Historia».
La pureza es la ficha partida,
el Partido es la vida acabada, 855
porque el tiempo es el oro del sabio.
Un rey sol reelegido in absentia,
permanente querida presencia.
Dictadura es robar la paciencia
en los bancos de las conjeturas. 860
Las acciones tendrán consecuencia
en las noches que daban cintura.

(XX— La azafata cubana entra en la alcoba)

El error de la vida privada,
sus arboledas enmarcadas,
los búcaros elementales, 905

la tele, el triturador de basura,
vinieron a mi encuentro
en el olor de champú crema
que ella despedía de sus venas
al despertar en bata de casa 910
barriendo los crespos cortados
a la joven mañana, batiendo
las ciruelas profundas de la
impudencia debajo de la impresa
alfombra comprada a destajo 915
en una agencia. Sus brazos despejados,
el delineador que esgrime
entre sus dedos dorados, la voz
del ventilador en el techo, como
un dios penitente que explorara 920
el idioma de lo concreto
sin que mediara un secreto
en la tenacidad de su embeleso,
el cuello tirado sobre el diálogo,
todo lo inmenso del momento 925
en que entré a su desnudo
desorden y arreglé sus huesos
entre mis brazos. Sus besos, que
confirmaron mis desgracias.

Suponer a la mujer en las regiones secas, 930
tratarla en vano, como rayar un coco,
su esqueleto completo rueda sobre la mesa,
me sorprende limpiando los vasos de la cena.
Hay en su podredumbre una vaga melena,
recortada en escorzo desde un ángulo frío. 935
Con sus ojos haré castañuelas eternas.
Resolver en zapatos la costumbre cambiante,
volvernos —ella y yo— vasos comunicantes.
Le soplé en las orejas, le cambié zapatillas,
la goteadura cámbrica de un grifo abandonado. 940
Y la puerta, ¡la puerta cerrada como un santo!
Las cuclillas que agarran todo por lo sano.

Encontré un mundo en ciernes en la puerta de al lado,
su designio es la muerte, si se encuentra botado.
Me dio sales de baño y su amor desgraciado, 945
después me pidió casarnos: «Mi esteta abochornado».
¿Seré yo un celebérrimo con anillos de oro?
¿Limpiaré el sedimento de su viejo inodoro?
Las ventanas del cuarto dan al jardín de perros.
Hay cortinas estrechas sobre un gran palimpsesto, 950
y un jarrón esmaltado y un canario incorrecto.
Enterré mis pezuñas en su cama de seda.
Poco después salió en camisa playera.
Esta playa de fuego con sus tristes trincheras
donde no hay solución, donde no hay pasatiempo. 955
Abogamos por años en las aguas siniestras,
pero fueron minutos y no pude preñarla
con mis falsas promesas de limpiezas eternas:
la miel sacrificada en el nido de perra.
Las ventanas son trampas de la vida secreta, 960
sin saberlo su pelo me pide que me meta,
y el calor de sus senos me promete la tierra.
Un soldado de América en el apartamento,
toma curas y vasos, o lo que se le antoja,
y restriega la escoba contra el gris pavimento. 965
La bayeta, el retrete, la cruz de Pinaroma,
viejos floreros, sapos, retratos de bellezas,
dos pantuflas forradas, mi mano en su crudeza,
la masturbo y su mano me masturba sin prisa:
somos dos masturbadas masturbaturalezas: 970
«Vengo a limpiar la pieza de parte de un amigo».
La intimidad fenece a manos de lo ambiguo.

SUEÑO

Estaba en el Gran Mercado de Bengasi,
entre palmas, harenes y gente que pasaba.
Un sol martirizado reía en las retinas,
los velos retrocedían en la muchedumbre.

Era un día raro, como otro cualquiera,
como son los días cualquieras en un sueño.
El mundo recibía su consuelo pequeño,
había un toro alado que uno no veía.

Las vírgenes rogaban debajo de los velos,
los cabellos ocultos por la sombra cerrada.
Un arma blanca esperaba para cortar un cuello
y abrir una zanja de dios en la garganta.

Explotó un carro bomba, el hierro voló en pedazos.
Pensé que las masacres antiguas deseaban
mucho por dejar (las palabras fallaban).
Mi alma forcejeaba en el Gran Muladar.

Pero, he aquí que dos jóvenes se acercan a un tercero.
Éste tiene ojos grises y un aspecto sincero.
Aquellos van vestidos de negro funerario. El cerebro
me dice que ese joven ha cometido agravio

contra la letra escrita del Gran Poder divino,
y los otros se acercan con un paño de lino,
teñido de marrón, con letras musulmanas.
Veo que es una bufanda de tela del Oriente.

Estoy dentro del tumulto, en un río de gente
cubierta de pies a cabeza con burkas doctrinales.
Los dos que se aproximan adonde está el hereje
enredan de su cuello la bufanda mortífera.

Aprietan, cada uno halando por las puntas,
hasta que el otro pierde el aliento de Vida.
Pero antes, veo su lengua, el brillo de sus dientes.
Expira en el costado donde el sueño termina.

LIBRETO

Como aquel que desde un balcón
divisa al asesino en la platea,
y después lo siente (habiéndolo
perdido de vista) llegar por detrás,

así pasarán los años de destierro
para el infeliz que abandonó su palacio
en invierno. ¡Qué digo en invierno!
Para aquel que despertó en el infierno,
para aquellos que cayeron, para
los que creyeron... Porque la creencia
fija la mirada en la muchedumbre,
sentada o buscando asiento, cuando
cada posible espectador es un héroe,
y no delata al matón, al fratricida
que se escurre entre telones,
confundido en el pueblo de la platea,
y mata por la espalda solo por el placer
de sorprenderse en el entreacto.

¿Hecha de sorpresas, la vida? ¡Pero
si acaba en la muerte, si sorprendida
mientras buscaba butaca la habíamos
divisado antes! Ese «habíamos» regresará
con cada uno de los apagones.

Después no reconocemos al actor
principal, y si lo vemos, veremos
al otro, porque la función se traslada
del escenario a la silletería como
un mar de terciopelo gastado, como
la sangre fría que vista desde la altura
pierde el registro satinado y ciego,

y es lago, largo y sartorial decreto,
bulto repetido y burdo, acústica
perfecta para la reverberación de las
apostillas del libreto. Que no leerás:
verás actuado lo que estaba dispuesto
en el folleto enrollado en tus manos.

NARCISO

En la boca virada por los años
en la torva mirada del Alzheimer
en el casco o pezuña desgastada
en el mono de Adidas y en la sangre
en la mano, en la uña y en el ganglio
en el diente postizo y en la barba
en el gris verde olivo de la plancha
en la mancha de viejo y en el cáncer
en el paso inseguro y en el saco
lleno de polvo y mierda enamorada
en el pelo canoso y en la franja
en la risa, en la grieta y en la zanja
en el culo, en el colon y en la próstata
bocabajo, de frente y de espaldas
pronunciando un discurso de apóstata
la soberbia chochera iconoclasta
en la pata del diablo y en la casta
en el seño, en el casco y en la tranca
en la cerviz de atleta que remanga
en el rayo de artista que descarga
su fogón itifálico en la Patria
de los tres trozos clásicos de caña
en el yayay, la yaya y en la ñáñara
de este muerto que en vida te acompaña
mírate Cuba y húndete en sus aguas.

MANUEL DÍAZ MARTÍNEZ

Manuel Díaz Martínez (Santa Clara, Cuba, 1936). Poeta y periodista. Fue primer secretario y consejero cultural de la embajada de Cuba en Bulgaria, investigador del Instituto de Literatura y Lingüística de la Academia de Ciencias de Cuba, redactor-jefe del suplemento cultural *Hoy Domingo* (del diario *Noticias de Hoy*) y de *La Gaceta de Cuba* (de la Unión de Escritores y Artistas de su país natal). Fue director de la revista *Encuentro de la Cultura Cubana* y pertenece al consejo editorial de la *Revista Hispano Cubana*, editada en Madrid. Ha publicado catorce libros de poemas, el último de los cuales es *Paso a nivel* (2005). En su antología *Un caracol en su camino* (2005) recoge gran parte de su obra poética. Una selección de sus poemas fue publicada en 2001, en edición bilingüe (traducción de Giuseppe Bellini), por la editorial Bulzoni, de Roma. En 2002, publicó su libro de memorias *Sólo un leve rasguño en la solapa*. Es autor de dos ediciones comentadas de las *Rimas* de Gustavo Adolfo Bécquer (1982; 1993) y de una edición (1996) de las cartas que Severo Sarduy le enviara a La Habana. En 2008 publica su libro de ensayos y artículos *Oficio de opinar*. Poemas suyos aparecen en numerosas antologías publicadas en diversos países y han sido traducidos a más de una decena de idiomas. En 1967, su libro *Vivir es eso* obtuvo el Premio de Poesía «Julián del Casal», de la Unión de Escritores y Artistas de Cuba. En 1994 ganó el Premio «Ciudad de Las Palmas de Gran Canaria» con su libro *Memorias para el invierno*. Es autor de la antología *Poemas Cubanos del Siglo XX* (2002). En 2011, bajo el título de *Objetos personales (1961-2011)*, aparece su poesía completa en la Biblioteca Sibila—BBVA de Poesía en Español. Es miembro correspondiente de la Real Academia Española. En 2006, el Centro Cultural Cubano de Nueva York le otorgó la medalla «La Avellaneda», en reconocimiento a su aporte a la cultura cubana. Desde 1992 reside en Las Palmas de Gran Canaria.

PODER

Si yo supiera, como sabe el agua,
discurrir y brillar entre guijarros
y ser espejo en la cerrada noche
y vastedad de ciclo en una alberca;

si yo aprendiera a ser como es el agua,
que se despeña y rompe y sigue siendo
la plenitud de su alma y de su carne,
el todo de su gesto y de su modo;

si yo pudiera, como puede el agua,
derrotar, sin saberlo, la dureza
de un día sin amor que se le asome;

si tuviera, como ella, el homenaje
de la sed que la piensa, del calor
que la ansía, del polvo que la teme...

LA CENA

Mi abuelo se sentó a la mesa con su muerto al lado.
No levanté los ojos de la sopa:
sabía que él también estaba muerto.
Mi madre tampoco levantó los ojos
a pesar de estar tan muerta como él.
Pero el muerto más muerto era Jacinto el ciego,
que no tenía ojos para ver la sopa.
Y peor aún era el caso de Donata,
que no tenía sopa para meter los ojos.

Mi abuelo se levantó, entonces, de la mesa
y nos dejó solos con su muerto
(un muerto sin ojos y sin sopa,
un terrible muerto hecho todo de bocas y de huesos).
lo miré al soslayo, ya sin pizca de apetito,
y deduje que era un muerto que buscaba nombre.
Le puse el nombre de mi abuelo.
Mi madre protestó y le puso el nombre de mi padre.
Mi padre protestó y le puso el nombre de su hermano.
A Donata y a Jacinto se los tuvo en cuenta
cuando llamaron al muerto con mi nombre.

Fue cuando pregunté:
—¿Es necesario que los muertos tengan nombre?
¿Por qué meter los ojos en la sopa?
¿Hay que sentar los muertos a la mesa?

Mi padre respondió al momento:

—Conviene darles un carnoso nombre
donde poder pegarles la mordida;
ellos se pasan el tiempo con la boca seca
raspando con sus dientes nuestros platos.
Si no tuviera nombre, ¿cómo poder llamarlos
y cómo poder, si queremos, despedirlos?

—Es muy justo sentarlos a la mesa
—añadió mi madre sonriendo
y cortando el pan en rebanadas.
Nadie puede negar que tienen boca y, por tanto, hambre;
y manos y, por tanto, gana;
y huecos, enormes huecos fríos que llenar.
Ellos también han de poner sus huesos en la mesa.

Jacinto el ciego le sirvió más jugo al muerto
y mi madre le arrimó toda la sopa
mientras Donata, solícita, decía
¡Buen apetito! en italiano.

Fue cuando pregunté de nuevo:
—¿Todo se hace en nombre de los muertos?

Manuel, ¡cállate y come!

RESTOS DE COMIDA

Para Agustín Pi

Yo recuerdo un sillón de maderas negras y rejilla,
un diccionario Parvus, un piso de mosaicos
catalanes, una baranda sobre un patio, unas arecas
y un niño que leía;
las puertas con cortinas azules, y dentro
¡qué fresca el agua oscura en los porrones!
Yo recuerdo a Rosario y el juego de sus manos
sobre el canevá.
Yo recuerdo que era un niño que aprendía palabras.
Me llamaban por mi nombre a grandes voces:
siempre fui Manuel vete a bañar, Manuel
ven a dormir, Manuel llegó tu abuelo,
Manuel no gastes el arroz con las palomas.
Recuerdo que yo soñaba un barco
cargado de silencio para llegar a ser
Manuel dónde estás que no te oigo,
que ya está la mesa puesta y no resuellas.
Yo quería ser Manuel que no te encuentro.
Yo recuerdo que era un niño en una casa de huéspedes
y los tiestos bajo el tragaluz de polvo,
y mamá dando golpes a los ajos y a la carne,
qué dolor en el hombro, sal del cuarto.
Yo recuerdo y si me muero ¿mi padre no vendrá por mí?
Ya tenía las barandas de estribor y el velamen

de la claraboya. Me faltaba el mar;
pero los mosaicos catalanes no pueden ser el agua
ni ese sillón podría ser jamás una cueva ni un tesoro,
y corría y buscaba en los restos de comida
las cortezas de pan y con palillos
hacía una flota que esperaba la noche.

LOS CUERVOS

Los cuervos han entrado huyéndole al invierno.
Inundan las sillas, las mesas,
las altas cornisas;
el soplo negro de sus alas
oscurece el dormitorio en que los novios,
desnudos,
los miran con horror.

Los cuervos graznan en el fondo de la casa,
picotean los restos de pan;
las fulguraciones de sus ojos
rizan los metales, los espejos,
estallan en las copas y las fuentes.

Los cuervos deshilachan las cortinas
para hacer sus nidos,
y ya las hembras se acomodan;
                      pero
los machos se estremecen, se detienen
y miran los vidrios húmedos de las ventanas
donde manchas grises y tenues aleteos
anuncian la llegada de otros cuervos.

ESTO QUE VES, GABRIELA

Esto que ves, Gabriela:
una espiral,
un relámpago,
un golpe de martillo,
un cristal roto,
una suerte de magia,
un espejo que da vueltas
en el eje de un trompo
de luces y de sombras;
esto
que ves, palpitante,
imperativo,
inolvidable,
que te ilumina los ojos y la boca
como un descubrimiento;
que cuando sueñas te persigue
y funda para ti un paisaje
donde cabe el mundo
con todos los ruidos
y silencios;
que es la audacia
con que burla al tiempo
y brilla ante la noche
la estrella muerta;
esto
que puedes tocar

y que al tocarlo vibra
cada vez distinto
y siempre igual;
que es del ancho de la vida
y a la vez tan íntimo
que no se puede explicar;
esta cinta de palabras
que por siempre se repiten
y lo descubren todo
sin cesar;
esta
llama negra,
vorazmente negra,
siempre la misma y otra
como el mar;
esta
llama infatigable
que nos alumbra y quema
y vive por la sombra
que calcina
y por la sombra
que deja de quemar;
esto que vez, Gabriela,
tan unánime y secreto,
es un juguete,
una herramienta,
el abismo y la cima,
el Tú
y el Yo.

PATRIA

Una extensión de tierra,
un arco de costa, un mar,
unas casas, unas calles,
tres o cuatro ríos,
un régimen de lluvias,
un jardín, unas montañas,
algunas frustraciones
y quizás una utopía,
un guiso, una canción, un árbol,
una historia en parte emocionante,
una manera de decir las cosas,
los padres que van envejeciendo
en un patio de provincia,
acaso también unos hermanos
que completan la saga familiar,
y unos amigos…
Eso y algo más es patria
si cabe ahí la libertad.
Si no cabe, yo prefiero
morirme de distancia.

DISCURSO DEL TÍTERE

Esa noche dijo el títere bajo la carpa:
—Señoras y señores,
hermanos y hermanas,
soy un títere que quiere dejar de ser usado
por la voz de su titiritero,
esa voz a la que sólo añado el guiño
de mis párpados mecánicos,
el aspaviento
y el manoteo.
Este número será mío y sólo mío
(letra, música y pirueta).
Esta noche será mía y nada más que mía:
con mi propia voz diré palabras
que andando por la vida
recogí en las plazas.
Señoras y señores,
hoy mi espectáculo es unipersonal:
sin hilos que me tiren de las manos
ni resortes que me obliguen a bailar
ni varillas que me pongan a dar saltos.
Hoy soy un títere que hace a su manera
su propio espectáculo.
Señores y señoras,
hermanas,
hermanos,
suplico, desde luego, un poco de paciencia

para mis torpezas y tartamudeos.
Necesito como nunca su paciencia:
no es fácil salir de pronto,
sin hilos,
a la escena
habiendo sido tanto tiempo títere
con titiritero.

COMO TODO HOMBRE NORMAL

I

Yo, como todo hombre normal, soy maniático.
Me llevo bien con mis obsesiones.
Mis relaciones con la angustia son cordiales porque no creo que
en el mundo todo está ganado,
pero tampoco que todo está perdido.
Simplemente pienso que falta por hacer la mejor parte.
(Cuenten conmigo.)
Pero pido que se razone y se hable claro.
Y pido que se condene a Dios por incapaz y al Diablo por ridículo
y a la Gloria por exagerada y a la Pureza por imposible
y al Iluso por iluso y al Burgués por dolo
y al Fanático por pandillismo y nocturnidad.

II

Yo, como todo hombre normal, estoy enamorado de una mujer;
una gran mujer nerviosa, bellísima, al borde de la histeria,
de una espléndida mujer que le gusta vivir,
que hace el amor como una niña de convento
a pesar de sus grandes ojos dibujados, de sus
largas piernas duras y del temblor de primavera,
del frenético temblor obsceno que desgarra la

blancura de su vientre.
Y estoy enamorado de mi tiempo.
que es brutal y también está al borde de la histeria.
Estoy enamorado de mi tiempo con los nervios en punta,
con la cabeza rebotando entre el estruendo y la esperanza,
entre la usura y el peligro,
entre la muerte y el amor:
Y sueño y vocifero
frente a una sorda, ululante multitud
de turbinas, pozos de petróleo, gigantescos combinados siderometalúrgicos
donde el hombre crece en la presteza de sus dedos
sobre los controles y las herramientas, fundido al cuerpo caliente
y brillante de las máquinas, que se desgastan incesantemente
fabricando un mundo radiante y futuro,
jamás visto, jamás oído, jamás tocado,
habitado por fantasmas que apenas tenemos tiempo de engendrar.
Estoy enamorado de una mujer
bellísima y neurótica como la Historia,
y me hundo en sus carnes espaciosas para que la aurora
que estamos construyendo
no ilumine un planeta solitario y melancólico.

III

Creo que el mundo puede y debe ser cambiado
piedra a piedra y hombre a hombre,
y con esa fe me acuesto y me levanto.
Mi corazón es un bosque de furias y benevolencias.
En mi cabeza, las derrotas, los triunfos y las utopías
han abierto océanos, han levantado barricadas,
han hecho muertos y resucitado muertos,
han dictado reglas de belleza y de moral,
han fomentado el desaliento y proclamado políticas salvadoras,
han inventado islas y culturas y mártires victoriosos;
en mi cabeza, la libertad ha coronado ídolos intolerantes
a cuyos pies en llamas he quemado dogmas e idolatrías.
Me refugio en mi cabeza,
todo yo metido en mi cabeza,

que es un balón de fútbol pateado por pavorosas
risas, por pavorosas palabras, por pavorosos silencios.
Invito a todos los hombres de la libertad y el trabajo
a patear este balón,
a dar en el blanco con esta pelota silbante.

PLAZA DE ORIENTE

En la Plaza de Oriente
una noche de mayo
se paseaba mi sombra
con mi cuerpo a su lado.
Él llevaba una gorra
de taxista y un ramo
de silencios y gritos
casi casi olvidados,
y ella un traje de luces
totalmente apagado.

En la Plaza de Oriente
esa noche de mayo
se perdió un cuerpo entero
y dos sombras se hallaron.

LES SIGO HABLANDO EN UN MOMENTO

Me enamoré de todos los caminos
y se me volvieron túneles,
me aventuré por neblinosos puentes
que nunca me llevaron al amanecer,
he caminado a tientas por incontables noches
buscando inútilmente una fuente, una luz,
algo así como una melodía...
He cambiado de cigarros, de sueños,
de sintaxis, de país...
Me aficioné al futuro,
me jugué la esperanza, toda
la esperanza a una profecía
y terminé regresando por mis trajes viejos.
La traición anduvo pisándome la sombra.
Treinticinco años fui casado
y me divorció la Jueza Oscura
en un minuto de ceniza.

Ahora permítanme fumar, beber algo
y les sigo hablando en un momento.

MORIR DE PRONTO

Si terminaras, vida, de repente
una noche en que esté mi cuerpo solo;
si mi mirada, abierta y anhelante,
inesperadamente fuera yelo;

si mis pies -trotavientos, trotamontes-
de improviso pendieran de sus hilos;
si mis manos, de pronto indiferentes,
cayeran poro a poro, pelo a pelo;

¿qué haría yo con mi última mirada,
qué haría con los pasos que me quedan,
qué haría, pues, con mi último saludo?

Marcharía con vida de la vida,
mi muerte no sería muerte toda,
quedaría braceando en lo perdido.

SÓLO UN LEVE RASGUÑO EN LA SOLAPA

Detrás de la puerta del armario
están mis trajes,
mis galas para las grandes justas.
Uno tiene ya un botón de menos
y un zurcido de más.
El beige deja ver hilachas en las mangas
y una cordillera de brillos y desgastes.
Pero el negro se mantiene en forma:
firmes las costuras, tersa y resistente
la trama de su paño.
Es el ideal
para pasar íntegro a la sombra.
Sólo tiene un leve rasguño en la solapa.

INMORTALES

Realmente somos fuertes:
más duros que las piedras de río,
que el acero de un cañón de costa,
que el jiquí
   y el ácana
      y el júcaro negro.
No hay motor
—turborreactor o Diesel—
más potente que nosotros,
ni laca ni fibra sintética
más tenaces que nosotros.
Conocemos
   el amor
   el odio,
y muy especialmente
la pasión y la esperanza:
¿Cómo dudar que de las cosas de la Tierra
somos
   la más fuerte?
Hemos visto pasar a nuestro lado
manadas de bestias colosales
que jamás volvieron,
aún vemos la luz de estrellas que ya son fantasmas,
continentes enteros se hundieron bajo nuestros pies
para no regresar del fondo
del océano,

por encima de nuestras lívidas cabezas pasan
especies de pájaros y aviones
que no vuelven a pasar.
Pero nosotros,
pobres criaturas sin garras ni conchas
ni escamas ni púas ni alas,
con ojos inferiores a los ojos del búho
y piernas inferiores a las patas del ante
y manos inferiores a las manitos del mono
y oído inferior al del sinsonte
y olfato inferior al del escualo
y músculos más pobres, mucho más débiles
que los elásticos anillos de la boa...
                Pero nosotros,
los más frágiles,
los menos protegidos,
                asmáticos,
                artríticos,
                diabéticos,
                miopes,
hemos sobrevivido a todas las catástrofes,
a todas las iniquidades,
                a nosotros mismos.

GERMÁN GUERRA

Germán Guerra (Guantánamo, 1966) Poeta, ensayista, fotógrafo y editor. Estudió Informática y Bibliotecología en la Universidad M. V. Lomonosov de Moscú y en la Universidad de La Habana. Reside en Estados Unidos desde 1992. Editor de noticias y diseñador gráfico en el diario *El Nuevo Herald* desde agosto de 2001, en la actualidad se desempeña como segundo jefe de redacción y editor de las revistas culturales *Viernes* y *Galería 305* en dicho periódico. Ha publicado *Dos poemas* (Strumento, Miami, 1998), *Metal* (Dylemma, Miami, 1998), *Libro de silencio* (EntreRíos, Los Ángeles—Miami, 2007) y *Oficio de tinieblas* (Aduana Vieja, Valencia, 2014). Prologó y fueron incluidos varios de sus poemas en *Reunión de ausentes: Antología de poetas cubanos* (Término, Ohio, 1998), textos suyos también aparecieron en *Island of My Hunger: Cuban Poetry Today* (City Lights, San Francisco, 2007) y en la *Antología de la poesía cubana del exilio* (Aduana Vieja, Valencia, 2011). Sus poemas, artículos y ensayos han sido publicados en revistas y diarios de Cuba, España, México, Francia y Estados Unidos. En diciembre de 2006 ganó mención de honor en el IX Premio Internacional de Poesía Nicolás Guillén, convocado en México. Con el poemario *Libro de silencio* ganó el Florida Book Award en la categoría de Lengua Española, premio al mejor libro publicado en español en el año 2007 por un autor residente en el estado de la Florida.

GÉNESIS

Lo primero fue el hombre
apuntalando las paredes del taller
para que Dios se regodeara
entre su torno y la tibieza del barro
recogido en el nacimiento del arcoíris.

Lo primero fue este sol de la mañana
para alumbrar la desesperación del hombre.
Primer hombre alimentando la vigilia,
la ausencia de los nombres y las herramientas,
los azoros cotidianos y el deseo de una hembra.
Todas las preguntas coronadas con un nuevo dios
exigente de holocaustos, libaciones y misterios
cuando la lluvia y el eclipse golpeaban a la puerta.

Los primeros fueron los colores,
el olor de la yerba ungiendo un rígido verano
y las ovejas pastando de su propia inocencia
al final de una llanura enorme y sin respuestas.
Llanura negando desde un trono la redondez del universo.

Las piedras trazando en el vacío
el primer círculo de muerte más allá de la mano,
trazando la destreza que nos brinda el aguijón del hambre,
los dolores secos en la espalda, la rueda y el camino,
las manadas de lobos y de espadas, de cruces y patíbulos

y el hombre devorando al hombre en el espejo.
Lo primero fue un espejo y la cuchilla de afeitar en la garganta.

Lo primero fue un juguete roto.
Lo primero fue la máquina del tiempo,
el tiempo de la hila y de las pieles
curtiéndose en un viento rancio de Cuaresma
para que fueran trazados los primeros caligramas
                              y el poema.

EL BEBEDOR DE SOL

*Frecuentemente, cuando hablo del sol, se me
enreda en la lengua una gran rosa negra. Sin
embargo, no me es posible guardar silencio.*
Odysseas Elytis

I

Terminada la misa
el sol muerde su cola de alabastro.

El bebedor de sol
es asaltado por la luz,
estéril y blanquísimo aleteo
llegando a su garganta,
rebaño cubierto por el polvo,
todo es luz y luz carbonizada.

El tiempo es una larga sombra en el espejo,
el azul es demasiado azul,
los hombres, bautizados por las horas,
bautizados por la sedimentada hora de la muerte
rumian un sol de terca certidumbre.

Hombres bautizados a ser hombres,
                    héroes o traidores,

sudan un grito de metal
y el bebedor de sol, en blanco y negro,
tragando la soberbia de una playa
inclina su cabeza en la penumbra.

   II

Escritura de metal,
escritura de metal en el aceite de las olas.
Libro de metal que se desploma,
hombre de uranio atado a los segundos,
onírico rostro de cobalto,
arteria de ceniza.

Tiempo de metal,
hombre parado en un lamento mudo,
pirámide de humo ladrándole al vacío,
columna que se desmorona bajo un sol castrado,
total abrazo de una luz raquítica y salobre.
Morir dejándose matar por la ciudad,
             matar petrificando.

Minoico festín de lo imposible.

Rostro negado a los planetas,
telúrico rostro en las entrañas estelares
persiguiendo un astro falso en húmedo desierto,
dotando al mundo de un presente fósil
habitando reverso de espejo que procura
y espejo que procura en la tiniebla
sólo encuentra unas máscaras y olvido.

Telúrico rostro de ceniza,
hombre mordiendo puentes y fantasmas
y aviones de papel navegando los sonidos de la infancia.
Hombre sin alas y sin rostro
arrastrando un golfo preñado de luces y cadáveres,
erigiendo un laberinto de relojes.

Hombre tatuándose la espalda con cajas de silencio,
balanceando llanto y existencia
sobre una cuerda de sueños,
      demencias y suicidios.
Levar anclas, labrar sobre la muerte.
Partir, partir rumbo a la ausencia,
negar alumbramientos y amputar,
fundar sobre el vacío.
Fundir, milenario fluir de río y calendario.
Los dones ofrecidos por el tiempo
nos regalan ahora
un camino sembrado de sepulcros,
   milenario crujir de huesos y sonrisas,
sobreabundancia de la piedra que humedece la ventana.

Ventana laberinto.

III

Vacío de metal,
vacío de metal en el aceite de las olas
y hacha a plenitud de un rito interminable.
Tristeza de metal no sólo en la garganta,
hombre complaciendo su agonía en doble filo,
redonda contorsión
de un horizonte sin puntos cardinales.

Metálica la húmeda añoranza
de hombre parado frente al hombre
como espejo ante el espejo.
Ícaro complace su agonía en doble filo,
fiebre cabalga la memoria,
dedálica fiebre edificando alas
y aviones de papel navegando los sonidos de la infancia.

Plumas de metal,
fantasmas hundidos en su sangre,
certidumbre convertida en piedra,

impotencias y tumores.
Escritura alfabética del sol y de las olas
parada en el cansancio isócrono
de aguas eternamente divisibles.

Hombres bautizados a ser hombres
abisman sus raíces en un amargo eco,
inminencias y temores.

El bebedor de sol
inclina su cabeza en la penumbra,
la memoria es una grieta
en el enorme segundo del crepúsculo.

Está pesando el sol en las espaldas
como una horda sedienta e infinita.
Está pesando el tiempo.

Terminada la misa de difuntos
Ícaro columpia su agonía calcinada
en el tendido eléctrico.

IV

Luminosos rituales del silencio,
una boca de piedra y esta oscuridad que me rodea
afirmándolo todo con palabras muertas.

Unos ojos de piedra transitan por el llanto
y el hacedor de lluvias,
el hacedor de las ventanas y rota nigromancia
derrama su árido conjuro a la pradera.

Una lluvia de sal interminable que deshace los nombres,
los oficios que coagulan los nombres,
las cosas ya nombradas,
los hombres, las bestias y las voces,
la voz de todos los ausentes.

La ausencia acaba de nacer,
arde en el aire como el dolor y el polvo,
como un arco de gaviotas circuncisas y ángeles apócrifos.

La madre del emigrante
deambula playas en nueva ceremonia,
hunde sus manos en un mar de estío y poco asfalto,
grita, petrificando salmos oráculos cantáridas,
vuelve a casa sin dar la espalda al horizonte.

Volver,
volver a la costumbre
con un golpe de muros en el pecho,
volver a esa letanía de pequeñas marionetas
que mastican sus hímenes portátiles
y luego son ahogadas en un charco de saliva metafísica.

Volver a la memoria
que desciende junto a la cal de las paredes,
mordaza de sudor,
planeta de ceniza,
presencia absoluta de la ausencia.

Llueve,
un sol estaño y humo lento
vuelve a casa sin dar la espalda al horizonte.

La madre del emigrante,
vestida en su cansancio malva y temblor involuntario,
deambula playas en nueva ceremonia
desmerece llantos
y Dios es un pedazo de cristal en su bolsillo.

MING Y / EL OSCURECIMIENTO DE LA LUZ

(Canción)

Quiero escuchar que no se ha ido la inocencia,
que aún la luz puede brotar como columna
entre la sal y el pan y la ausencia de milagros.
Quiero escuchar que no se ha ido la inocencia
aunque la luz entre en sí misma preñada de silencio
y el vuelo circular de los insectos caiga en ámbar
para que hombres y mujeres pierdan el aliento,
soplen en sus diminutos saxos contra el agua,
alimenten las vigilias huecas, pudran el aliento,
pierdan sus manos sus piernas y sus versos en la niebla
y olviden morder rumbo al *Cantar de los Cantares*.
Quiero escuchar pero se aferran a mi ojo
campanarios y lagares bailoteando sobre el lodo,
seculares monasterios que se desmoronan
bajo el pesado estiércol de un teatro de patriarcas.

Arde en el viento de la noche una pagoda
con el vientre despojado de sus ídolos.
Quiero escuchar la luz con máxima inocencia,
oigo un rumor de barcos que se alejan.

ÚLTIMA CASA DE CENIZA

> *Cuando el aire, suprema compañía,*
> *ocupa el sitio de los que se fueron*
> Juan Ramón Jiménez

Hay un manto de cocuyos muertos
colgando en las paredes de la casa
y ahí está mi padre martillando el silencio
de los que salieron a la calle en pleno día
sin darnos la noticia breve
de su rumbo hacia la grieta del espejo
que detiene los rostros cotidianos y el regreso.

¿Padre, qué hay detrás del horizonte?
¿A dónde ir ahora que nos hicimos mar
imitando los juegos perdidos en la infancia
cuando la espada de las horas nos golpeaba
sin que supiéramos que era el filo de la vida?

Qué hacer ahora que estamos detenidos
esperando el regreso de los perros infinitos
que ladran con un doble nudo en la esperanza
rumbo al lugar donde mañana
recogeremos lo que nos toca de locura
—hoy, estar vivos
es perseguir lo que nos toca de barranco—.

Cuánto padre,
cuánta herejía en el costado del sol y de los hombres,
cuánto polvo colmando los rincones y las tejas de la casa
donde antes la lluvia bendecía con sus cauces de agua
el cuento feroz de los ahorcados y las historias de fantasmas
que con un hilo de voz nos decían los mayores al anochecer.

Cae sobre las casas y las calles enfangadas
la primera mordida de la noche
y ahí está mi padre sentado en la ventana alta,
trazando círculos de espanto en su sombrero,
moldeando la herramienta que detiene al tiempo,
conjurando un mínimo y cómplice solsticio
para la próxima estación de aves migratorias.

ANTE LOS HOMBRES

A Emilio de Armas, parado «Ante un retrato»

El rostro detenido sobre el lienzo
es mi rostro. Cicatrices y máscaras
ganadas en combate con la vida
para que un pintor sin nombre
las dejara con nerviosos ocres
en esta dimensión de la memoria:
aquí está mi rostro, detenido en el arte.

Poco importa mi nombre en estas ruinas.
Tiresias, el mito y unas piedras del camino.
Aquí está mi rostro, desnudo ante el espejo
que es la frente, el rincón de los suicidios
y la próxima mañana de los hombres.
Voy entre columnas de palomas calcinadas
llorando el perfecto mecanismo de las horas
—los párpados resecos y los cuencos vacíos—,
predigo y me ahogo en el silencio del silencio.

Frente a mi sed contempla una mujer
que llora los minutos, las sílabas, las noches.
Detenida ha quedado, así, ya para siempre
y me es dado ver en sus ojos los ojos de la muerte
      —detenida ha quedado también
         la buena muerte entre las planchas de cobre

            que guardan este daguerrotipo de la vida—.
Adivino el cabello ardiéndole en los hombros
y el río de los siglos fluyendo sin orillas
            por la cruda eternidad de sus espaldas.

A su espalda, en el eco del llanto,
buscando entre los nombres de la sombra
el poeta se ahoga en sus palabras
            —una cuerda de versos
            le sirve de patíbulo y corbata—
y fija sus ojos ciegos en los míos, ciegos también
bajo la luz que cae de lleno sobre el cuadro.

DOS HOMBRES

A Carlos Victoria

En un salón de espera
      —un aeropuerto, un tribunal,
      una casa de puertas
      que llevan a la muerte y a la vida—
una mujer y un hombre van sentados
a la espalda del tiempo y de la luz
que regala una ventana
      con techos muy gastados
      y *una faja de mar.*

Se abisman,
los dos se abisman
en toda la memoria del planeta.

El hombre joven encanece
navega la costumbre
los mercados virtuales
y la caída total de los imperios
hundido en la pantalla de luz
que descansa en sus piernas.

La mujer, enterrada en la paz
que regala el peso de los años,
frágil y limpia de palabras,

teje con estambre y cansancio
un abrigo para la próxima estación:
      el otoño, el invierno,
        el lugar para contar los sueños,
        un aeropuerto, un tribunal,
        una casa de puertas.

Los dos,
el hombre que encanece
y la mujer que teje sus silencios,
los dos
se están muriendo.

DAGUERROTIPO DE LA ESPERA

El mundo es una mancha en el espejo
David Huerta, *Incurable*

El tiempo es una mancha
en el espejo, una herida,
una luz que define y acerca
el contorno de las formas todas
bajo el húmedo tedio que regala
esta tarde de julio inmemorial,
y nosotros aquí, al fondo de la casa,
en la orilla cortante de este lago
donde dos adolescentes se besan
y bracean —*sin tiempo para el alba*—
el vitral del verano, las aguas donde
late sin prisa la espera de la muerte.

Mi mujer y mis hijos
reparten en migajas el pan de la mañana
a una terca bandada de pájaros sin sur.
Al sur de los abismos, en la orilla contraria
de estas aguas tranquilas donde late la vida
hay un bote cansado como el barro de Dios
que navega, se aleja y se gasta en la costumbre
y el óxido de un perro ladrará para siempre
contra su propia sombra martillada en la tierra
y en las blancas paredes de toda eternidad.

Y nosotros aquí, abismados
bajo esta luz de julio inmemorial,
y dispongo y ordeno unas claras palabras
que detengan este golpe de tiempo
mientras la sombra del almácigo nos guarda
del paso de los astros, de las horas.

PASABA YO POR GRECIA

> *la huella de Cavafy*
> Heberto Padilla

Pasaba yo por Grecia sorteando entre las islas
mi condición de Isla que ayer fue descubierta
y en todo vi el cansancio, los callos de unas manos,
la huella y el aliento de Homero,
el de los ojos abiertos como platos.

Pasaba yo por Grecia y vi la plaza
que fue el centro de los pueblos
vacía de hombres, preñada de fantasmas,
ágora de voces repetidas y muertas,
Cavafis y Seferis, Elytis, Ritsos, Kazantzakis,
cantando rumbo al puerto antífonas
y salmos que sostienen las columnas de arena
la memoria del agua, la puerta de los siglos.
Vi un coro de voces, silente claridad de los discursos,
mordiendo las dos caras de un dracma
labradas en la plata del tiempo,
Atenas en la frente y un búho defendiendo la espalda
—un búho con los ojos abiertos como platos.

Vi un coro de voces mordiendo las estatuas,
los lamentos de mármol, el fiel de las espadas.
Vi un coro de voces repetidas y muertas

diciendo un largo muro de palabras
y el círculo concéntrico de nombres
—laberintos en Delfos, oráculos en Creta—,
eterno catálogo de naves y libros y libros de silencio.

Pasaba yo por Grecia
y detuve la mirada sobre el puerto.
Vi el incendio devorando las naves,
vi arder los sabios nudos y los muros
los mástiles sin viento de partida
y el ansia del marino en la mujer extraña.

Vi arder el cansancio de unas manos
y limpísimos caballos galopando el fuego,
poniendo el temblor de una llama en cada puerta.
En una noche sola las casas fueron blancas y rojas,
un golpe de cenizas, mordida en el espejo
y un puñado de lágrimas y piedras
entre los muelles y las calles de El Pireo.

Y luego del incendio, pateando en los escombros,
Diógenes de Sínope inflama su cinismo y sus deseos
—lo vi, lo vi con estos ojos que ahora cuentan
y ya confunden minutos, sílabas y noches—,
un gallo sin plumas y mariposas de sal
alientan en su bolsa de tiempo,
tres monedas de plata le arden en la diestra
y al centro de la noche inflama su linterna
buscando una mujer que alivie su miseria.

Mediterráneo, verano de 1988.

MÚSICA DE NADIE

Al viento de León Felipe

Para Hubert Goyanes, dueño
de «una música de nadie,
música presa de la luz».

El primer saxofón lo inventó el hombre soplando en el repecho de un viejo y roto caracol, imitando las palabras del viento en la entrada de una cueva.

El primer instrumento de cuerdas lo escuchó el hombre en una música de nadie, en el silencio que arma la pradera, disparando sus flechas contra el corazón de los bisontes; y en la alta noche —en el círculo de miedos que interroga al fuego, en el círculo de almas que proyecta en las paredes de la cueva veinte mil años de la misma sombra—, el hombre tensa la cuerda de su arco poniendo soledades y música de cámara en las palabras de los ancianos de la tribu.

Y luego el silencio, el hondo silencio que nos aplasta el pecho después de un solo de saxo, o de un solo de chelo.

INFANCIA DE RIMBAUD

Soy el santo, el sumo sacerdote del pecado, ya no distingo entre el hábito y la máscara, y levito, levito en oración en la terraza, frente a la vasta muchedumbre que se congrega bajo la atrocidad de cada mediodía para escuchar mi voz hinchada de utopías y parábolas que redactan mis mejores escribas. La vasta muchedumbre, las mansas bestias de este circo que llevo en el bolsillo como el manojo de llaves de las celdas, como un manojo de promesas, como la libertad, el pan, la vida eterna. Las mansas bestias que pacen hasta llegar al mar que los abraza, que todo lo devora.

Soy el oscuro sabio sentado sin paraguas bajo la dura lluvia que soporta estas ruinas. He escrito el *Libro de los libros* y he ordenado quemar las bibliotecas.

Soy el caminante que ha gastado sus piernas marcando círculos de tedio entre las cuatro paredes de este cuarto que no existe, como no existen la ancha carretera, el mar que escapa de los puertos, los caminos, la melancólica elegía de oro del poniente.

Puedo ser también el niño abandonado ante las puertas de un prostíbulo, último recinto donde laten todos los misterios gloriosos, gozosos, dolorosos; donde los hombres pagan y cobran, desnudos y descalzos, por cada gota de sudor, por cada llanto, y comienzan a crecer.

Estoy sentado ante la puerta de mi casa, en esta calle donde he crecido y he comenzado a morir después de tanto viaje contra el tiempo. La calle que termina al norte, al pie de la montaña, para que justo aquí, donde nacimos, aliente un cementerio de juguetes rotos.

Soy el ángel que ha creado la sangre de un tigre y de una rosa, las monedas de oro, el silencio del barro, la lenta muerte de las camas claras —esa muerte que nombran agonía—, el insomnio y el alba. Descubrí que soy Dios —*en Quien no creo*— y ni yo mismo lo sabía. Tiene que ser el fin del mundo si avanzamos.

O CAPTAIN! MY CAPTAIN!

> —*Mire Capitán las manos que cometió [sic] el*
> *crimen ya no están, me las corté, perdóname la vida.*
>> (Jorge Luis Rodríguez Mir, de 32 años, condenado a muerte en Cuba por matar a un policía en septiembre de 1997).
>>> De los diarios, lunes 5 de junio de 2000.

También corté mis piernas Capitán
ya no guardo memorias del camino
que me llevó a matar un hombre
para robar el pan que no tienen mis hijos.
      Y diga Capitán, usted que tanto sabe
        ¿dónde acaban esos largos caminos
        que estaban prometidos en mi puerta?
        ¿cuántas cruces de silencio y de llanto
        cargan las paredes, el tedio y las miradas
        bajo el polvo que detiene a este pueblo?
Recoja en su pañuelo Capitán
estos ojos que perdieron el llanto,
sólo queda grabado en mis pupilas
un grito y el último estertor del muerto.
      Perdóneme esta vida Capitán, y diga
        ¿cuántas sillas vacías? ¿cuántas mesas
        sin pan, sin sueños, sin vino y sin abrazos?
        ¿qué vamos a hacer con tanto pecho roto?
        ¿cuánto pesan mi falta de esperanza
        y las culpas tatuadas en su espalda?

Y tome mis pulmones Capitán
vitrales de la sombra en esta celda
que siempre ha sido mi costa y mi país.
        No olvide Capitán, recuerde
        fundirse en un abrazo con sus hijos
        y dígale a los míos que estoy limpio
        de insomnios y siempre voy con ellos.
Perdone Capitán mi sangre en su camisa
y el rocío y el plomo de esa lágrima
que traza solitaria su mejilla.

Perdóneme esta vida Capitán.
Perdone Capitán por esta muerte.

OFICIO DE TINIEBLAS

II - Maitines, tres de la madrugada

Un día como hoy pudiera terminar el tiempo.
Un día como hoy, con su dura ración de pan amargo,
mil heridas abiertas y la misma noticia de victoria
golpeando las paredes de todos los diarios.
Hoy, entre abril y noviembre, bajo el eclipse
que marca la muerte de otro año y los años
de estos hombres que no engendran más hijos
que lleguen a la noche de la próxima mañana.
Hoy puede comenzar y terminar el tiempo.

El tiempo es una herida en el fondo del espejo
infamando la frontera y el llanto. Premoniciones y memoria
conjurando una lluvia que lave de rencores las calles
y una noche sin bordes para que vuelvan a caer los condenados,
para que vuelvan los suicidas a partir entre las sombras,
a partirse los cuerpos entre la sal y las piedras de una playa.
El tiempo es un niño que juega con el filo de un cuchillo
golpeando el hierro de las horas y las palabras de este hombre
que muere ante el espejo: un abismo penetrando un abismo.

Están secas la hiedra y la sal de las paredes.
Espero cartas y la breve noticia de mi muerte.
Espero cartas que nunca van a ser escritas

porque todos ahogaron su cansancio en otra guerra
o soñaron mi voz cayendo en la certeza del olvido
mientras yo limaba la utopía en el vacío de sus manos,
firmaba las sentencias y revisaba el filo de las hachas.
Una mano fantasma escribe sinfonías en el manto del polvo.
Espero cartas todas las mañanas, espío en las rendijas.

VII - Vísperas, seis de la tarde

Para qué más pueden servir la cal, el canto, las paredes
cuando ya he terminado de colgar en ellas los últimos retratos
y todas las historias de los muertos que me acosan desde el alba.
Ahorcar en las paredes, sembrar arquitecturas de silencio y olvido,
apuntalar con sueños y relojes rotos la vieja parábola del sol,
sembrar la sed y el desamparo, sembrar una historia sin final
en la frente y el pecho de cada uno de los hombres que he matado.
Recoger una cosecha de temblores en todos los rincones de la casa,
ser el último que sangra con el día abrevando sobre el mismo llanto.

No hay soledad mayor entre los hombres que la mía,
nada más grande y palpitante que el silencio del cuarto,
sus paredes sin eco y ustedes gritando interminables
entre la luz y el polvo, condenados a vivir en el espejo.
Vigilia acorralada entre esas velas que terminan
un minuto insondable, una zanja en el pecho de los hombres
—el Hombre de Platón, el Hombre de Vitruvio, el Hombre Nuevo—,
una mesa ordinaria y el viejo candelabro de los desentierros.
Vigilia que amamanta y devora esta casa que ha perdido la luz.

El tiempo es un amargo pájaro sin ojos y sin nombre
partiéndose las alas entre los hombres que habitan el espejo.
El espejo roto es puerta y guillotina que llama al universo,
los trozos de cristal colman el cuarto y están llenos de fantasmas.
Girasoles con sus bocas abiertas en medio del ocaso,
verdad que oscura clama un instante en esos pechos
que enfilan temblorosos a la razón cotidiana del barranco.
Afuera ya me aguardan mil ojos ahorcados en un árbol
que está gritando sombras y aleluyas y pájaros suicidas.

Afuera, al fondo de la noche, autos de justicia y fe
pasan rompiendo las barreras de la niebla y el silencio,
atravesando el polvo de una ciudad que ya no existe.
Las cuerdas de baba y la carroña hacen la jauría,
perros infinitos que acechan en todas las esquinas
implorando un golpe de metal y de luz, una patada
que los detenga allí, entre el asfalto y la hemorragia
como el último estertor de un pez sobre cubierta,
como un vuelo de gaviotas mordido por la nieve.

Tiempo de morir por el sabor del vino y las palabras,
por una multitud que se congrega en soledad, en los abismos
de este río que clama en las gargantas y arrasa en agonía.
Ciudad donde las ruinas y la sangre se funden con los sueños
y la razón de cada sueño pare un monstruo que llaman esperanza,
donde los mapas se hundieron con la voz entrecortada de sus hijos,
con cada nacimiento, con un cansancio clásico, con almanaques rotos,
y sólo queda el día con sus horas canónicas y esta isla distante
perdida en su deriva por los siglos y tengo miedo, mucho miedo.

LA CIUDAD Y EL BORDE DE LA ISLA

A Félix Lizárraga

Ya no hay ciudad que te repita las canas y el olvido,
irte, ser, estar o acostumbrarte ya nada significan,
ya no hay ciudad ni muro que detenga tus pasos
ni abiertas calles con fuegos de artificio a tu regreso.
Ya no hay ciudad ni mar ni barcos en los puertos,
no busques más, tu sombra no te sigue.
Tú mismo en la ciudad te has convertido:
Eres tú el muro que te detendrá.

Ya no hay ciudad ni hombres hundidos en el sueño.
Aquí estamos, diciendo para que nadie entienda,
fingiendo ya ser mudos, ya ser ciegos y sabios,
rehaciendo nuestras casas para espantar el tiempo
con las hojas ruinosas de este otoño tan largo.
Y aquí estamos, sentados sobre la luz y el tedio,
colgando nuestras piernas al borde de la isla.
Aquí estamos, y estamos tan cansados.

MARÍA ELENA HERNÁNDEZ CABALLERO

María Elena Hernández Caballero (La Habana, 1967). Ha publicado los poemarios: *El oscuro navegante, Donde se dice que el mundo es una esfera que dios hace bailar sobre un pingüino ebrio* (Premio David de la Unión de Escritores y Artistas de Cuba, 1989), *Elogio de la sal* (1996), *Electroshock-palabras* (2001), *La rama se parte* (2013) y *Yo iba tranquila dentro de una bala* (2016); además de la novela *Libro de la derrota* (2010; 2015). Poemas suyos aparecen incluidos en antologías sobre poesía cubana actual, como son: *Retrato de grupo, Un grupo avanza silencioso, Otra Cuba Secreta*, entre otras. Además, colabora con diarios y revistas literarias latinoamericanas, españolas y de Estados Unidos. Reside en Miami desde octubre del 2016.

EL APOCALIPSIS SEGÚN JUDAS

En cada piedra, en cada animal, habita un dios. Su mirada te hace el primero y el último. Su fuerza te da gloria, imperio. Ante estos monumentos, arrodíllate. Y amarás al prójimo porque no tienes perdón.
Y alcanzarás las estrellas y volcarás los mares. Pero aquel que ante ningún juez baja la cabeza se tragará la espada de dos filos.
                (Esta noche te proclamarán judío)
Y huí con los míos por esos descampados aún cuando la fiebre nos amenazó a todos. Un viaje a la raíz para que no me castañeteen los dientes. ¿Quién es digno? ¿Quién ha vencido la ira del que duerme? En toda raza hay un cordero que se inmola y una turba que grita maldito, maldito. Pero solo el cordero sabe que siete no son más que siete. Siete espíritus. Siete sellos. ¿Quién pues?
      Desperté y me dije qué selva es esta
      No soy el león pero tengo barba
      No soy el león pero tengo cola
      Así que es mía la fuente del saber
      Así que me corresponde desenredar la maraña.
Pero Él no quiso reconocerme en las piedras. Ningún animal me besó los pies. Mis vestiduras blancas cayeron en desuso. Y hablé con la palabra del que siempre me mira —que es la de los incrédulos. El mentiroso me halló bueno. Y el cobarde me negó el pan.
      Qué duda tienes señor
      Yo rompí la fuente y
      Expulsé los gases
              Comprimidos.
Y vi las almas de mis conocidos. Bajo tierra la carne se pudre, pero el alma

cuando vuela también se pudre. Algunas arrastraban hasta mí sus gusanos celestes. Y mirando lo por venir el Olimpo me arrojó una trompeta: Ábrete Sésamo.
  Caupolicán Caupolicán préstame tus brazos
  Para levantar la tierra
  Sal ahora de tu mito
  O los hombres te olvidaran para siempre
  Qué locura el mar ya no es el mar
  Y yo y mi barco y la tierra hundiéndose en el mar
  No suenes más esa trompeta o te quemaré vivo
  Renuncio al curso de los astros
  El sol ya no es el sol
  La luna ya no es luna
  Esta tierra no es mi tierra
  Pero yo no quiero vivir si la tierra cae.
Y el escorpión bajó a los abismos y tomó forma humana. Desde entonces anda con la cabeza alta y echando ayes por la boca. Y el primer y el último ay es poco.
  Yo no quiero la llave del pozo del abismo
  Yo no quiero oscurecerlo todo
  Sol, ¿acaso no eres más que esa estrella que cada tarde
  Tumba el niño de una pedrada?
  Suelta tu humo y no nos mientas
  Suelta tu humo y sus figuras infernales
  ¿cómo te las arreglarás para en forma de luz seguir bajando
  Y no dar en el vacío?
Y puse el pie derecho sobre el mar y el izquierdo sobre la tierra.
El izquierdo apuntaba al norte y el derecho apuntaba al sur.
Y en el sur era el caos y también en el norte.
    ¿Quién discrepa del Alpha y la Omega?
    360 grados una vuelta al círculo.
 Muy bien ¿y qué más?
Y vino una oveja y me lamió en el vientre. Y vino el dragón y me escupió en la cara. Y el dragón y la oveja se fueron a preparar el fuego. Y cambió la posición de la tierra. Y cambió el color del mar.
Hermanados del sol a quién llamarán
Dios está sentado y yo me niego a creer en esta bola roja.
Yo me niego a hacerla rodar.
Azul ya no es azul es sangre.

Dios está sentado pero está dormido.
Ceniza corre ceniza llega.
Esta bola roja para dónde rodará.
Y vi a mi madre que se burlaba de Dios y volvía a parir al Diablo y lo apartaba de sí para que subiera a repartirse los bienes. Y yo era el Diablo. Y bajaba y subía. Y cada vez que bajaba le daba muerte a mi madre. Y cada vez que subía tiraba una moneda.
Yo me apoyo en el siete para comprender el mundo
    1 la mujer pare a la serpiente y la serpiente al dragón
    2 el dragón no echa fuego echa un río
    3 la tierra abre la boca para que el río caiga
    4 el río huye al mar
    5 el mar invade la tierra
    6 la tierra cierra la boca
    7 el río cae
        Cuando siete cabezas se reúnen
        ocho judíos no bastan.
  Yo tengo una cabeza judía herida de muerte.
Y llamé a los hombres. ¿Quién como yo para tocar el arpa? ¿Quién como yo para meter la hoz? Las uvas están maduras y los oídos prestos.
    Como una mujer fértil la tierra va a reventar
    Dentro de los graneros los animales se desbocan
    Yo nombro a la demencia como al estigma de este tiempo
    Tiempo de fieles y de potros domesticados
    Tiempo de ferias y de usura
    Tiempo de asesinos y de verdugos
    Tiempo de cárceles y de desidia
    Tiempo de no preguntar por la mente de Dios
    Dios duerme en un reformatorio sin brújula y sin tiempo.
Y me fue dada una copa. En la copa había una esfera con el centro en todas partes. Y se prolongaba hasta el infinito. Y yo era el infinito.
    Aleluya todo lo que está en órbita y es conocido
    Y lo desconocido
    Como el péndulo la historia se repite
    Más acá: la fuerza que te arrastra
    Más allá: Su alquimia.
    Vino que me exaltas yo te glorifico
    Glorifico tus saltos y tus pendientes
    Tus alucinados monstruos y tus caídas

>   Tus islas de papagayos y de mendigos
>   Tus sueños siempre en ascenso como elevadores de luz.
> Y cesaron los vientos y bajo la marea. Todo el que no tuvo culpa fue señalado.
> No más hambre ni sed. El que duerme los pastoreará. Y bendije al rebaño.
>   Ciudades y más ciudades: nunca estuvo
>   más cerca de Dios el hombre
>   que cuando lo negó.
> Esta es mi verdad.
>   Si la tomas la estrella resplandeciente
>   bajará sobre tu cabeza
> y te ceñirá con su corona de oro.
>   Si la dejas la estrella resplandeciente
>   bajará sobre tu cabeza
> y te ceñirá con su corona de plata.
>
>   Amén.

EL ARCA DE NOÉ

Aquí está lo necesario para emprender la marcha.
Quien nos empuja conoce todos los secretos. Bien sabemos:
A los duros el mar nos mecerá en su seno.
La barca se divierte, mis hijos se divierten.
La paloma cuando gira se divierte.
Sólo Él, como un loco, abre heridas en el cielo
para que todo muera cuando apenas retoñe
para que volvamos cuando cese la luz.
No fue el hombre quien se emborrachó con la jugosa carne.
Él ofreció limpia su alma y se la devoraron las aves de rapiña.
También ellas construyen sus torres de vidrio.
No hay punto de partida (ni de llegada).
Sólo un punto invisible donde guarecerse.
Allí hacen cruces las hormigas.
Hasta aquí nos traído el mar.
Su ola no se movió para socorrernos.
La tibia ola arrolladora, la que aguantó su mano.
Que los sabios muerdan ahora esa mano de la negación.
Cógela tú, serpiente, y arrástrala a la orilla del río.
O tú, bestia, que a pesar del camino casi no endureces.
(El reptil que no alcanzó a ver el espacio
no se detiene por una mano cósmica).

Hasta aquí nos ha traído el olvido.

Bajaremos de este infierno
los que un día retornaremos
resignados.
Impotentes.

POTROS DE HUMO

Mientras tanto arde la tarde
potros de humo por el aire galopan.
¿Vienen de las alcantarillas, de mí, o del tiempo?
Olvidé sujetarles las riendas
y ahora relinchan, hociquean la ceniza, los libros.
Son cómplices del hastío, del miedo,
de la yerba que aún arde en mis labios absortos.

Entre los párpados, ¿luz?, ¿sombras?
Nada (ni la luz) me quitará la coartada.
Puedo salir una vez más y relinchar.
Puedo tragarme la acera, los árboles. Procaz,
doblar por una esquina y en un muro sentarme.
Nadie (ni mi sombra) me habrá visto llegar.
Sólo vendrán mis potros con sus rostros niños
a sujetarme las riendas. Pero entonces ya será tarde.
Yo habré escapado tristemente por una llanura.

CAMINANDO CON SOREN KIERKEGAARD AL FONDO

Como un perro camina usted, Sr. Kierkegaard.
Mordiéndose la cola en círculos pequeños
va detrás de mí del baño a la cocina
con sarna con rabia.
Su hocico, su pelo me olfatean.
Y mientras tejo para su hocico una red. Es decir, una fe.
Cristos, sombras de madera por entre la maraña caen.
Se arrastra a tientas y sin ley.
Ora eclipsado ora desollado aullando por la pared.
Espulgándose con mis lápices, mi cuchara.
Ya está bien, levántese.
Con sus propios dientes muérdase de una vez.
Inyéctese.
Y olvidará usted, Sr. Kierkegaard.
Cristos,
huesos de madera por entre la maraña caen.
Yo era feliz,
con desasosiego iba mi sombra.

AMNESIA

1.

Abrió la reja y se quedó en la yerba.
La primavera vestía íconos rojos.
Abrió la reja al atardecer, como si nada.
Del otro lado alguien gritaba algo sucio entre los pinos.
Duele la infección de la primavera en las tráqueas,
el vacío, la náusea, el polen que se deposita en los ojos.
Como una mariposa tirada en la plaza sueño
mientras me sacan la astilla.
No es una mariposa esto que mordisquea.
No es una corriente de carne silenciosa.
Por un pasillo, en la yerba, las patas arriba.
Creo haber jugado de niña con levines.
Pero a la primavera no le he visto nunca la cara.

2.

Mi cara fue tomada, yo me recostaba sobre un muro.
El crepúsculo me cegaba y una brizna una brizna.

Mi madre entrenada en el crepúsculo de las imágenes sabe
que las luces de entrada son las mismas que de salida

que un espejo bastaría para olvidarme y refractar un poco.
Una linterna contra el párpado abierto: Si ya estaba muerta,
¿qué hace una mano en mi lagrimal del ojo?

LETANÍA DEL SUEÑO

De alguna guerra o enfermedad aberrante todos íbamos a morir.
Tarareando un himno cavando un túnel bajo tierra asfixiados.

Avancé en la fila por la parte de afuera.
Rayé la ventanilla con la esperanza de mostrar las uñas.
—¿Ha tenido usted lepra?
>Anduve a medio vestir allá por los años 40/
>tenía la boca pestilente/ y me perseguía mi
>madre con un cuchillo de mesa/ los misiles
>bombardeaban la calle/ yo acarreaba agua para
>quitarme la mugre/ y aparecer sonriendo en los
>diarios/ alguna vez me crucé con Ana Frank/
>puedo jurar que lloraba/ y que pedía ayuda/
>y yo qué podía a medio vestir/ si no había
>tiempo/ y en los ratos libres hacía de extra/
>en una película de amor de los años 30/ y
>amaba al director/ y a la primera actriz/ y
>también lloraba/ y el día siguiente me veía
>siempre con telarañas en los ojos/.

No debería marcar esta ciudad en los mapas.
Ni en las esquinas sacudirme el polvo de los autos.
Todos íbamos a morir, no a pedalear por las mismas calles.
Con el mismo cansancio de quien nunca estuvo en otra parte.
>Pedaleo/ con la certeza del desconocido que
>a nadie debe/ pero esta ciudad al final me derrota/
>ya había derrotado al deportista/ y al cartero/

        y derrotó al amigo/ y al vecino que me descubrió
        un día/ y ahora pinta mis brazos/ abiertos a los cuatro
        vientos/ mi cuerpo bamboleándose/ atravesado por
        una vara/ con un cristo orinando en el centro/ y algunos
        pájaros encima/.

De alguna guerra o enfermedad aberrante todos íbamos a morir.

Afuera llueve.
Alguien raspa el cristal con la esperanza de mostrarme las uñas.

YO TAMBIÉN TENGO UN CABALLO DE TROYA

Era una mañana con niños.
Yo tenía voracidad.
No sabía de qué.
Entonces podé los pinos.
Luego levanté el pasto
hasta dejar todo liso.

¿Quién dijo que en la tundra
está prohibido alimentar
a los caballos?

Pídeme un regalo que te lo envío.
Por sus patas bajarán hombrecitos
cuidadosamente entrenados.
Todos van a matarte.

LOS HONGOS SON AMARGOS Y LOS HELECHOS PEOR

Caída la tarde, inclinados sobre rollos de papeles muertos,
¿seguirán los contadores de naufragios ahí?

Un hombre cayó sobre el asfalto.
Apoyado en la ventana jugaba
con finas capas de película movida.
Escribanos y fotógrafos suspendían del aire:
¿Caída libre del sol? ¿O copos de nieve?
¿Copos de nieve? ¿Copos de nieve?
¿Blanca desilusión?

Mi madre me importó aquella vez.
Me subió a la calesita.
Ya estábamos muertas y nos despedíamos.
Mi hermana regresaba (creo que de la guerra).
Tres disparos al pecho.
Antes de desplomarse, limpiamos todo.

¿Dónde las velas los globos de colores?
¿Todo liso amarillo y ocre y ocre y ocre?
¿Nada para el que dirán?
 (los nietos)

Debajo de la mesa los bisnietos encuentran el arma homicida
Luego a mí
que sigo resucitando.

No sé qué, yo sólo espero.
Yo sólo espero.

Cubiertas de helechos
como juguetes viejos funcionado
a pilas, allí están: tamborilean.
Aun vistas de costado
no paran de reír.
Si las empujo bailan
las tres calaveras mexicanas.

NOCHE DE RONDA

A Leonor García Hernando

Y
sentadas en aquel café
ella me dijo:

Despojados de recursos inútiles
los peces que vigilan nuestro desasosiego
son lo que parecen.

Y yo
¿con qué pretexto?
¿para qué bucear
desde mi silla rentada
a fuerza de perseverar
en el orfelinato?

Es cierto que a veces lanzaría la red.
Y hasta es posible también que la donación de branquias acepte.
Y que pida asilo.

Anoche dolía, toqué fondo.
Y toqué la puerta de este convento de monjes.
El más viejo apareció por entre las piedras.
Me miró directo a los ojos
antes de comerse el gusano.

La nada latía y me acarició ese gesto.
Todo conciso: apenas dos burbujas
para disimular el grito.

¿Te gustaría ver mi cara pegada contra el vidrio?
Parece una propaganda.
El aviso del fin.
El 2001 viene
con operarios.
Con una grúa
a remover
escombros.

SIN RECURSOS

Osvaldo Lamborghini fue mi amigo una noche.
Hacía frío polar.
Yo pelaba mandarinas
y no sé
atraídas por una extraña fatalidad
las cáscaras caían
al sur.
Y luego se elevaban
como buscando el norte.
En vano las separé
queriendo gobernarlas
hasta que una sobre otra
formaron el iglú.
Ahí entró él pasadas las doce.
Sobre la silla dejó colgando la enagua
y se metió desnudo
entre mis sábanas.
Y preguntó: ¿existen?
¿No son finlandeses?
¿Canadienses arrepentidos?
¿Los esquimales son de este mundo?
Y luego dijo que lo había iniciado Anita
el día que quiso conquistarlo
con noticias de la invasión a Polonia.
Los polacos oh los polacos si supieras.
Tienen estufas portátiles.

Lo convirtieron en arte.
Son excelentes calentadores de pies.
Nosotros sí que estamos desprotegidos.
Hace más frío en Buenos Aires.
Buenos Aires la capital de los niños
bastardos.
Y del tango.
La capital cada vez menos capital y más tango.
Los polacos nos creyeron.
Llegaron en barcos.
Y tomaron frío.
(El frío de Buenos Aires).
Todo
para que en las trincheras
los comunistas los nazis
desperdiciaran balas.
Viva Polonia.
Muera Polonia.
Los polacos trabajan poco.
El hambre la desolación
les viene de arriba.
Nosotros trabajamos menos
izando
esta bandera.
Se nos agotó el pudor qué capital.
Cada vez menos capital y más tango.
Alemanes italianos observan
el desbande.
Envidiosos
hacen las maletas.
Tienen fama la pampa el hielo.
(El deshielo argentino).
La postal incluye gaucho.
Gau-
Chito.
Argentina: muá.
Muá.
Muá.
Pero ¿existen verdaderamente?

Las mandarinas, digo.
¿Son mitad dulces mitad amargas?
¿O son otro cuento chino?
Esquimal rima (no importa si a la deriva)
con tamal.
Y también con Portugal.
Y trinchera con frontera.
Es fácil.
¿Hay alguien ahí
entre un verso y otro?
La palabra submarino está alerta.
Nota el espacio vacío. Entra
y se acomoda.
Los guardacostas despiertan.
Atónitos
se mudan de estrofa.
Entran a la palabra baño
y se acomodan.
Espacio.
Che (la palabra)
y se acomoda.
Otra con olor a rancio entra
y se acomoda.
Che y che se tocan.
¿Estamos todos vivos?
¿O será que algún dios fenicio
nos gobierna?
Si sólo tuviéramos enaguas
colgadas en el ropero.
Una por cada fenicio.
Los fenicios oh los fenicios.
Reman y reman.
Ellos saben lo que hacen.
Imagínate un dios.
                    Muá. Muá.
Pasadas las seis tomamos ginebra.
Me acuerdo de Pepe
Martí (alias ginebrita).
De nuestro odio al mar.

Suelto una lágrima negra.
Y finalmente le hablo de mí.
Él nombra a Rufelio
y se le pone la carne de gallina.
Entonces me hace la crítica:
La poesía intimista
         es tan íntima
que entra por el ano.

CONDADO DE HARRIS

Ni la yerba ni el ocio que la yerba trae.
Nada te convoca.
Pisotea tú mismo la leyenda,
búfalo herido.
Canta con sangre.
Canta que Harris huyó.
Abandonó su pelo.
Se hizo ermitaño.
Comedor de rosas tubérculos.
Solo con tu filarmónica oh Harris.
¿Para quién volver?
La tierra es redonda en todas
partes.
¿Reducirla, una meta?
¿Trasladar montañas
de oro,
vivas?
Rotas las manos oh Harris
por el far away casi vuelas.
Casi arañas lo que los hombres aman.
Huye.
Huye poco.
Pero huye.
La felicidad tiene espinas en los ojos.
Lunas atadas a las vías del tren.
Y la esperanza de uno desquiciado.

Traedor de putas.
Nubes.
Polvo.
Balas listas para ser incrustradas
en el cansancio de Harris.
Harris was myself.
Iba a rescatarlo.
Pero no.

MI CABEZA REPOSA SOBRE LA POESÍA COMPLETA DE ANNE SEXTON

Nada ocurre que debas pintar, Magritte.

A la ardilla
le gusta mi tarja en la cabeza.
Acaba de cambiarte por un modelo
familiar.
Bajo mi pelo,
perfora el plástico.
Tantas miradas en la tierra.
Otra sin accesos
toca
el timbre.
Es una ardilla, Magritte.
Ávida.
Camino de la escuela.
Quiere aprender tristeza.
¿Aquello debo contarle?
¿Tu vida
antes del útero?
¿Que el hombre de las nieves
la fecundó?
A la Sexton,
digo.

AUTORRETRATO

Sobre esta cerca mi escasa humanidad.
De piedra los brazos la garganta.
De paja el alma y el sombrero. Rotativos
los ojos. Vigilia sin arrugas, sin estrés, sin hallazgos.
El frío, el ocio, las tardes no me tocan.
Por aquí de largo pasan
el mendigo, el cura y el espía.

Crece con la orgía la vela que me enciendo.
En los campos de mi camino enterré mi amor.
Nadie me desvista ni me quite nada.
Todavía soy mi propio buitre.

ALBERTO LAURO

Alberto Lauro (Holguín, Cuba, 1959). Poeta, escritor y periodista. Licenciado en Filología por la Universidad de La Habana y la Autónoma de Madrid. Ha obtenido numerosos premios literarios, entre ellos el David, el Caimán Barbudo, el Mirta Aguirre, Literatura 86, La Edad de Oro y el Premio de la Ciudad de Holguín. Autor de los títulos *Con la misma furia de la primavera* (1987), *Los tesoros del duende* (1987), *Acuarelas* (1990), *Parábolas y otros poemas* (1977), *El errante* (1994), *Cuaderno de Antinoo* (1994) y de varias plaquettes y libros de arte. Aparece en numerosas antologías, entre ellas, caben destacar *Como jamás tan vivo* (1987), *Andará Nicaragua* (1987), *Mi madre teje el humo de los días* (1990), *Un grupo avanza silencioso* (1990), *Poesía cubana: la isla entera* (1995) y *Poemas cubanos del siglo xx* (2002). En el año 2004 fue galardonado en España con el vi Premio Odisea de Literatura por su novela *En brazos de Caín*. Obtiene en 2011 el xvi Premio Internacional de Poesía Luys Santamarina-Ciudad de Cieza por su poemario *Hijo de mortales*. Colabora con crítica literaria, ensayos de arte, reseñas y notas en distintas revistas literarias de España. De 1993 a 2015 vivió en Madrid. Actualmente reside en Miami.

SIN ITACA Y SIN PENELOPE

Si nada hay que perder, qué importa el rumbo.
Leopoldo Alas (1963-2008)

¿Qué hemos perdido el rumbo...?
Eso qué importa. Y qué más da
Si no íbamos a ningún sitio
Ni en costa alguna Dido nos esperaba.
Todo destino es siempre ficción,
Espejismos que anhelamos,
Norte en medio de un mar que nos excede
Sin Penélope y sin Itaca.
¿Acaso las brasas no se apagan
Y el regio templo de Salomón,
Que a la Reina de Saba deslumbrara,
No es hoy pedruscos, ceniza y arena?
¿De qué nos sirvió ser prudentes
Entre tantos seres obscenamente tristes?
Las ciudades que anduvimos
Son destellos que apenas se vislumbran:
Si alguna vez estuvimos en ellas, ¿quién nos recuerda?
Andamos por caminos que ha de borrar la niebla
Entre conjuros de pasos que se pierden
Y otros que ignoran que alguna vez aquí estuvimos,
Libando vino de rosas en medio de un aire
Donde invisible escrito está nuestro epitafio.
¿Tal vez somos los condenados herejes

Que felices y radiantes se entregaban a las llamas?
Santos o sacrílegos, sobrios o ebrios,
¿Acaso hoy es muy diferente un velatorio de una fiesta?
La vida es esa calle que no se sabe dónde comienza ni termina
En la que sólo importa la fiebre y el instinto.
Que le preguntes a los amantes si la compañía
No es la forma más perfecta de la soledad.
Aquí, en Troya, donde la guerra por fin ha terminado,
Todo ha sido devastado: acaban
De zarpar los últimos veleros
Y a los bellos griegos hemos visto partir
Con lágrimas en los ojos.
Callan las sirenas y en esta orilla desnudo
A nadie digo adiós ni espero a nadie.
Los espejos donde Helena se miraba están rotos
Y en esos pedazos de cristales deshechos todos queremos saber
Qué significa la muerte, la guerra, la envidia;
Qué oscuros presagios guardan
Entre sombras de cuerpos y caras compartidas.

CONFESIÓN DE UN LEGIONARIO

La belleza es insolente. Y soberbia.
Droga a la que no puedo sustraerme.
Jovenes, disfrutad de ella
Y no escuchen consejos de nadie.
Cuando los oigan como Ulises taponen sus oídos
Con cera y barro ante cantos de sirenas.
Lo que dicen los ancianos es un edificio
Cimentado sobre el desencanto.
Día tras día el tiempo labra
El cuerpo que se desgasta
Tal perdidas palabras.
Que solo el deseo guarde la memoria
Cuando el silencio del sepulcro
Se abra como fauces a la muerte.
Si les dicen que esperen no oigan.
Corran a los ríos, desvístanse en los bosques,
Desnudos jueguen con las olas de las playas,
Al fresco los genitales que se despiertan
Y excitan en la vigilia. Fui legionario.
Supe la tentación del respirar
De otro, junto a esas manos que se escurren,
Sierpes en la noche, buscando consuelo
Que el alba borrara.

ORACIÓN DE VIGILIA

A Fina García-Marrúz

Señor:
Todo me lo diste demasiado pronto
y los hombres me fueron
poco a poco despojando y robando
¿Dónde están mis largas noches
de oración y vigilia
arrodillado frente a un cáliz y un cirio
que aún arde como un falo turgente en mi memoria?
Ahora soy un paria beodo y exiliado
Sin ninguna posesión ni ambiciones ni rencor
¿Entonces acaso el verso
no es algo semejante a lo sagrado?
Solamente de dos cosas no han podido privarme:
la fe y la intemperie.
Si así lo quisiste, Señor,
bendito sea tu nombre impronunciable.

LA PIEL DE OTRO

A Zaida del Río

Con qué paciencia reconstruyo mi vida
fui toro de lidia
ahora buey manso
A veces siento a mi lado el restallar del látigo:
a los demás poco importa
si golpea la piel de otro
En cambio llevo la cicatriz
del hierro candente
con las iniciales de un nombre que amé
y fui su posesión
Despacio   cada vez más despacio
mi andar asegura
una estabilidad incierta
Así voy:
hacia un destino que no logran ver
mis bellos ojos
tan verdes como ciegos.

PUESTA EN ESCENA

Cuando se apagaron las luces
empezó, implacable, el redoble del tambor.
Iba pasando el desfile
de lentejuelas y máscaras
que animarían las funciones
de la siniestra temporada.

Más tarde apareció el payaso
que a nadie hizo reír,
soltando sobre nuestras cabezas
pavorosas llamas de su boca de dragón.
En la misma escena antes había sido
cartomántico, domador, equilibrista
y otros oficios innombrables.

Vimos el fuego tomar alturas,
llegar hasta la carpa destrozada
que ya para entonces
amenazaba con hundirse
entre el silencio y las ruinas.

Lo demás ya se sabe.
Los monos escaparon a la madrugada.
La rumbera se fue con un borracho,
dejando tras su paso huellas
de tules y alcanfor.
Los elefantes aplastaron el campo de rosas.
El circo se incendió.

POEMA DE LA EXTRANJERA

Tendida sobre un banco de madera
de modo que la sábana
improvisa la fría mortaja de los muertos,
sobre tu viejo abrigo
del color más furioso del verano,
dormitas en la estación
sin intentar otra visita a la casa de tu madre,
besar por última vez a los que te amaron,
sentarte a la mesa del abuelo.

Urgente hiciste las maletas para el viaje.
No echaste en ella memorias
(son harapos, ceniza, proyectos inútiles:
deja que los recuerdos entierren a los recuerdos).
No lleves contigo fotos de nadie
(la distancia borrará
los nombres de las caras enmudecidas)
ni direcciones para enviar a fin de año
tarjetas con pedazos de espejos y luces
del árbol talado de la Navidad.

Es inevitable que a donde vayas te acompañen
desastres, sobresaltos que despierten
amor y remordimiento debajo de tu piel.
Con las manos y labios resecos no digas adiós.
Ponte los espejuelos más oscuros

de manera que podamos olvidar
el desesperado cielo de tus ojos.
Despierta. Vas a partir,
Viajera hacia la noche.

UNA MUJER HA VENIDO

Una mujer ha venido a contemplar la noche.
Con su callado paso, silenciosa
mira las quietas aguas de mis ojos,
se sienta a ver pasar en la distancia
las aves que nunca supe a dónde van.
Su húmedo pecho de amar sabe
esconder entre montañas de oro mi cabeza,
junto a las horas que hemos compartido
agonizando en las playas del deseo
mientras, posesos de la fiebre,
fijaba estrellas en mi muerte, robaba sueños
con el poder de sus ansias,
sembraba espigas a todo lo largo del camino.
Una mujer ha venido a contemplar la noche.
Sabe que sus labios recorro con la lluvia.
Cada calle tiene la sombra de su pelo,
que luego deja caer sobre mi espalda
brillante como haces de trigo.
Del estanque de su cuerpo nacen flores extrañas,
manantiales para la sed del caminante,
su pupila cegada por el sol,
la llanura que es toda su espera,
la copa derramada, el vino nuevo.

GENERACIÓN

Si te digo que odio puede ser que ame
si te explico en detalle qué sueño
puede que mi lucidez
sea más exacta que nunca.
Sufro deudas también impagables
descubro mundos inciertos
piso cráteres viejísimos
como la galaxia
que se aleja   gira alrededor
de la piel de una muchacha
sus ojos grises inundados de algas
flota en la desierta piscina de mi edad
de agua salvaje.
El sol devora lo que tampoco es mío
esta sola muchacha   sin ropas
brisa de mar   mi sola pertenencia
manto que serenaba a mis pies
su curva de juncos
como la esbelta silueta de un alce

He perdido también días irrecuperables
hago señales en la carretera
peregrino que lleva en su alforja de viajero
rostros
hierba
proyectos inútiles.

Si te digo que amo tú afirmas que miento
ahora créeme
sin tu mano nunca podré
caminar sobre las aguas.

ADOLESCENCIA

No pueden apartarse quienes
Entre sí vivos se mantienen.
John Donne.

Finalmente las muchachas se marcharon
y a los amigos cientos de fronteras nos separan.
Éramos quienes andaban largas llanuras
despiertos hasta esperan el alba.
Ellas escogían las frutas maduras cantando
canciones alegres,
orgullosas de nosotros,
fuertes y ágiles.

Íbamos de noche a ver el mar,
bien sumadas las escasas monedas
que enviaron nuestros padres,
justas para ir a cualquier sitio
donde hasta muy tarde beber
cerveza clara y amarga como las despedidas,
en compañía de mujeres innombrables que aspiraban
a ser madres de hijos que no nacieron nunca
—a ellas juramos, perdidos luego
en el humo sin inocencia
y la conmovida penumbra de sus ojos grises
haberlas confundido
con las más bellas extranjeras de Europa Occidental.

Casi se olvida la infancia
en que lanzamos al viento puro de la mañana,
contra el fuego del sol,
miles de blancas palomas de papel.
Las cartas, cada vez menos, se cruzan todavía.
En el tintero se seca una sustancia que imprime
insólitos colores al abismo de la lejanía y del espanto,
evaporando rostros, recuerdos, hechos como palabras
roedoras de lápidas, besos y lanzallamas,
odios y alegrías enaltecidos
por victoriosos gritos de guerra,
en la paz cotidiana,
más allá de la cítara, la sangre y el yunque.

El horizonte no es el perro hambriento
que abre sus enormes fauces, el epitafio
que el tiempo arroja a la cara,
pesada piedra
al fondo del ácido párpado de la ira:
se encienden señales como hogueras
a todo lo largo y ancho del camino,
el que repasa el ojo del huracán
al dejar en su adiós siniestras madrigueras,
hambrientas caricias, desnudas miradas.

Y el sueño, con la etérea elegancia del centauro,
practica los pasos ingenuos del minuet
sobre la pasarela
—los mismos de las reses que van al matadero
con aire de feria o conducidos por máscaras,
adoradores de santos de madera,
indulgentes a veces y a veces implacables
en el sinuoso camino del ciempiés,
que aguarda el insulto sigiloso de que
todo poema es un disparo a quemarropa*.

Huimos, prófugos de la adolescencia,
mientras ante nuestro paso
la vida se tiende con su mirada de perro fiel.

Estamos, amigos, en la esquina de siempre,
más serios que de costumbre
—tanto que la vecina más próxima
bajo estos aburridos nombres
ya no nos reconoce—
reunidos para festejar
la agonía de un siglo de temor y gloria,
en el que conocimos
el júbilo en la frontera imprecisa de los años
de la pasión que nos salva y nos condena.

Finalmente las muchachas se marcharon
Y a los amigos cientos de fronteras nos separan.
Pronto cumpliremos la última edad de Cristo.
Arduo será el andar
por largas avenidas y pueblos diferentes
aguardando la tarde y el amor,
pero entre las heridas del miedo y la esperanza

cantemos con la misma
furia de la primavera.

BENDITO EXILIO

A veces siento ganas de bendecir a dictadores,
Encender por sus excesos y satrapías
Grandes cirios en los templos,
Desearles larga vida a los tiranos.
Por ellos —es cierto— fuimos expulsados de donde nacimos,
Pero de otra manera nunca hubiéramos salido de allí,
Encerrados en nuestra docta ignorancia.
Isócrates, hijo de familia acaudalada y educado por célebres preceptores
—Tisias, Georgias y Pródigo: los más notables de su tiempo—
Hubo de exiliarse en Quíos, donde vivió dando clases de Retórica.
Safo, repudiada por sus amores con mujeres, tuvo que abandonar Eresos
E instalarse en Mitelene,
de donde era Alceo que, enfrentado a los tiranos Misilo y Pitaco,
Disfrazado de mujer huyó a Egipto y después a Tracia.
Epitecto, nacido esclavo,
admirado por Marco Antonio, fue expulsado por Domiciano a Nicópolis.
Natural en Bética, Séneca fue repudiado por Calígula
Y en Córcega permaneció, añorando Roma,
Ocho años que le parecieron ocho siglos.
Y qué decir de Apolonio que abriendo sus ojos en Alejandría
Hubo de expatriase en Rodas.
Al morir Alejandro Magno
—que fue su discípulo cuando el emperador
Era un bello muchacho de trece años,
Con largos crespos dorados como el trigo—
Aristóteles para salvar su vida

Huyó de sus enemigos desde Atenas
Para refugiarse en una finca en Eubea.
Lisias, bajo la Tiranía de los Treinta,
Escapó también de esa misma ciudad y en otras
Se dedicó a escribir discursos por encargo.
Ovidio —por mucho que se humilló— no fue perdonado,
Y hubo de morir lejos de la añorada Roma,
En una mísera aldea, junto al Mar Negro,
Por haber escrito Ars Amandi, que disgustó a César Augusto
—el muy tonto escribió negó algo que hasta los indigentes saben:
se pierde tiempo en seducir
Cuando se puede sin demora fornicar.
Tampoco en el sitio en que crecieron ellos pudieron quedarse.
A tierras lejanas se encaminaron y, aunque distantes de los suyos,
Bebieron, escribieron, copularon, amaron,
Sabiendo cierto los versos de Páladas de Alejandría:
Escena y teatro es la vida entera.[†]
Cuando aviste la muerte como él quiero decir:
Llegué a puerto. Y a las diosas Fortuna y Esperanza
Gritarles a la cara sin rencor, ebrio de vino y rosas:
Jugad ya con otros ahora
Que en esta vida, a pesar de infortunios y satrapías,
Mucho me divertí.

[†] Páladas de Alejandría.

ECCE HOMO

La corona de espinas
Descendió a la frente.
Sangre besando los labios,
Sangre colmando la sed.
A su madre le dijo que era el fin:
Ella tenía que seguir viviendo.
Y aquel mandato:
Mujer, ahí tienes a tu hijo.
Y ese otro: Id y dad testimonio.
Los centuriones
Se aburren:
Es un espectáculo común,
Cogen al reo.
Le clavan las articulaciones
De las manos y los pies
A un madero.
Lo dejan morir de hambre y asfixia.
A poco metros de la cruz
Beben alcohol
Mientas vuelcan los naipes
Sobre la tierra
Echando a suerte la túnica.
Si todo esto terminara de una vez
—piensa Aquél que en lo alto está—
Si estos días no fueran
Más que pasto del fuego y la memoria.

Su mirada desierta
Se pierde en el horizonte.
Cielo con nubes grises.
Poco después ya no supimos
Cuál fue el perfume de su pelo
Ni el color de sus ojos
Dispersos,
Señor,
Por toda la tierra.

CEMENTERIO JUDÍO DE LA HABANA

La puerta del cementerio está cerrada
Por el candado de la soledad que lo guarda
Más viere viene como ladrona en la tarde y le acompaño
La llave maestra es su sonrisa
Entra despacio vestida de negro
Extiende la piedra bajo una mínima fuente
Donde el agua es el canto de alabanzas al Señor

Del color de su traje es la alegría
Que afiebra mis palabras pero azules son sus ojos
Donde el cielo es aún intocado
Allí los amigos quisiéramos perdernos
Para encontrarnos cada día junto
Al muro de las Lamentaciones
Y el canto de las perdidas sirenas

Viera, mi amiga, con su temeridad nos ampara
En el reino inexpugnable de su rostro
A prueba del infierno y el deseo.

A esta hora el cementerio judío
Los padres enterrados están hablando
De las Sagradas Escrituras
Y la belleza de un país
Del que todos fuimos expulsados.

DESEO PROHIBIDO

En la penumbra del bar
El poeta, cuya edad declina, bebe sin prisa,
Abandonado por las Musas.
Pero hoy, cuando ellas por lástima o compasión
Más que por piedad van a asistirle
Y a inspirarle el poema que lo hará inmortal,
Puntual ha llegado el hermoso muchacho
Al que con gusto, de sus pocos ahorros,
Paga favores. Mejor que escribir poemas
Es sentirlo su fresca piel desnuda en el lecho.
Y mientras parte a satisfacer ese deseo imperioso,
Con desprecio tira al suelo el papel arrugado
Y para siempre en blanco.

CHELY LIMA

Chely Lima es un escritor, dramaturgo y poeta *queer* de origen cubano. Ha publicado numerosos libros (entre ellos los poemarios *Rock Sucio, Todo aquello que no se dice, Discurso de la amante* y *What the Werefold Told Them*, así como las novelas *Lucrecia quiere decir perfidia, Isla después del diluvio, Confesiones nocturnas* y *Triángulos mágicos*). Se ha dicho que la poesía de Lima es una mezcla explosiva de rebeldía y erotismo combinados con una visión místico-pagano del mundo. Sus obras han sido traducidas al inglés, francés, alemán, italiano, ruso, esperanto y checo. Cuentos y poemas suyos han sido incluidos en numerosas antologías de todo el mundo. Ha vivido en Ecuador y Argentina. En 2006 se mudó a EE.UU., donde continúa residiendo desde entonces.

INFANCIA

1

Un niño solo, cabizbajo.
El disco gira. Los cisnes bajan en vuelo rasante.
Un niño que trata inútilmente de darse un nombre.
Él ama a todos. Él no sabe de límites ni hechizos.
Quiere una espada y un caballo negro, pero desconoce
a quien le espera en la torre que custodia el dragón.
Se ve en un tiempo que no existe.
Se intuye en una guerra cuerpo a cuerpo.
El agua del mar lo reclama con un chasquido de lujuria.
La música lo enreda en una sábana de niebla, lo diluye.
Un niño serio, con los ojos amarillos como los de los búhos.
Él no sabe dónde está su tribu. Él no sabe.
Extiende los dedos y su mano es una araña, una estrella,
un pequeño animal pálido que busca a qué asirse.
Se toca las clavículas con la punta de los índices fríos;
se muerde intentando inútilmente probar el sabor
de su propia sangre. Se impacienta.
Quiere apedrear el nido de secretas apetencias
que la melodía revela a medias.
Un niño absorto, sentado en el regazo de la muerte.
Él quiere que todos sean sus amantes, sus presas
en la cacería que se anuncia.

La música hace un giro, empieza a replegarse
traza una espiral en el *long-playing* negro, expira.

2

Tenía un ángel guardián que parecía un cantante de rock.
El pelo largo, enredado, ensortijado.
La boca a dos milímetros del micrófono, sonriente,
ambigua como la del San Juan de Da Vinci, curvada
y muy roja, sangrienta casi. La cintura,
sobre el torso de tetillas puntiagudas, ondulando.
Las nalgas apretadas. Los muslos a punto de quemarse.
Un ángel desnudo debajo de su sobretodo gris.
Un ángel con ojeras delatoras.
Con un tizne sospechoso en los párpados.
Con lentes oscuros para despistar a Dios.
Todas las noches me arrullaba, me dormía con historias
de orgías celestes que duraban mil años.
Cosía mis disfraces de nerd, de estudiante estudioso.
Aconsejaba qué máscaras usar, qué tonos de voz
emitir en los momentos oportunos, qué camuflajes
de camaleón ceñirme al pellejo

NO HAY MODOS DE EVADIR EL FUEGO

I

—Tócame —dice el joven, y es como un animal temeroso—:
Rózame con tu mano izquierda, la desatendida.
Confiesa que eres como yo.
No hay modos de evadir el fuego y tú lo sabes.
Trátame bien —dice el joven—, porque es la primera vez y tengo miedo.
Y el otro, el Fulgurante, avanza desde la sombra,
hecho él mismo una sombra, y se sumerge.

II

Yo soy el tercer ojo.
Tremo en la penumbra y el deseo me traspasa
como una magnífica espina de acero.
Yo oficio en bodas sacrílegas.
Pulso mi cuerpo y me ahogo en su música impalpable.
Atisbo el maremagno de los cuerpos debatiéndose,
me salpico de su melado;
vivo de mis pupilas y de mi olfato.

Delante de mi rostro absorto entrechocan sus vientres,
bate espiga contra espiga.
Y un terremoto parte de la planta de mis pies

y sube hasta mi frente por medidas de huracán.
Dos varones cruzan espada entre relámpagos y detonaciones,
y yo soy el tercer ojo.
Soy el que visiona. Soy el cronista.
No tengo entonces sexo ni edad ni nombre.
Soy el estremecido contemplante.
Soy la tercera letra de un alfabeto que no se pronuncia por miedo.
Tengo la lengua tan dulce de mirar y derramarme,
que podría vencer a una muchedumbre
con una solitaria gota de saliva.

SECRETA PRIMAVERA

1

Cazador inexperto que se juega lo que tiene y lo que no.
Criatura solitaria que se ha quedado en esta tierra sólo por matar el animal celeste que le corresponde.
La muerte apartó a destiempo su saeta y miró a otra parte;
la muerte de blancos brazos y boca intempestiva con ganas de besar.
Extraviado, cazador: hombre solitario que ya no tiene un fuego donde arrodillarse y extender las manos sucias por la sangre ajena.
Trampas, trampas que marcan estrías en la nieve.
El cazador quiere comerse al animal sagrado, incorporarlo a su carne.
El cazador se sueña abrazado al cuerpo sedoso de su bestia. Se sueña cabalgando al animal por un prado nocturno que es parecido a un cielo sin fin.
El cazador trastabilla en la nieve, se cae sólo para levantarse enardecido.
Se ha rasgado el pecho de un tajo y ahora trae, rezumante, su propio corazón, que late lentamente, entre los dedos.
Lo dará a comer a su futura presa.
El cazador es en realidad una bestia asustadiza que ronda entre los árboles cargados de luciérnagas.
Y su presa no es más que un cazador furtivo.
Trampas, palabras, secreta primavera haciendo eclosión en el silencio.

2

Al final del laberinto.
«Soy Teseo y acabo de matar al Minotauro».

La bestia yace a sus pies, sobre un campo cubierto por la nieve sucia del último mes de invierno.
En la mano el cuchillo negro de sangre, Teseo está plantado en medio de ese campo. Aterido, lleno de confusión.
No sabe qué hacer con la violencia de su acto.
Ha sacrificado al toro del alba, y por más que mira no hay una sola señal de cambio a su alrededor. Sin una estrella, la noche parece infinita, la niebla no mengua.
Teseo siente el calor que se desprende de su víctima.
Siente en la palma de las manos la necesidad de agarrar la gran cabeza astada y levantarla, para mirar a los ojos del Minotauro. Buscar entre los párpados congelados una imagen de sí mismo que le devuelva la fe.
Quiere confiar. «Confío», dice Teseo, pero está mintiendo.
Teseo victorioso abre la mano y el cuchillo va a clavarse en la escarcha.
Cae de rodillas, se dijera que traspasado por la hoja misma que sajó la garganta del Minotauro: es la imagen de la derrota, la imagen del desamparo. Sobre sus hombros vencidos, sobre su cabeza que se va a acercando a la bestia que yace, el cielo comienza a romper con la aurora más roja que se haya visto jamás.

FRANCOTIRADOR EN LA NIEBLA

Disparo a ciegas, a tumbos por el rumbo de la última confluencia.
Disparo de soldado herido
que se mantiene en pie por pura obstinación.

Disparo ráfagas que van a incrustarse en mi cabeza sin sosiego.
Disparo ráfagas que me vacían el pecho. Vuelo, disparo.

Doy vueltas sobre mí mismo, sin dejar de apretar el gatillo,
por más que no sé dónde se esconde
el enemigo que tiene mi rostro.
El que soy yo y viene dispuesto a liquidarme.

Tanteo ramas, rocas cubiertas por el musgo, hilos de agua
que fluye en el silencio de lo que nunca ha sido contemplado.

Adivino paisajes de helechos gigantescos,
huellas de manos ennegrecidas por el humo,
huellas de francotiradores que se restriegan los ojos
en un esfuerzo inútil por ver adónde va el camino,
las piedras para tropezar, los atajos, los escollos,
la criatura herida que me espera en algún punto.

GIDEANA

Muchachos que floran lentamente, palmo a palmo,
haciendo restallar el mundo a su alrededor.
Muchachos de caderas calientes y vientres apretados.
Muchachos tímidos que llevan en sus rostros
el transparente miedo de los potros al agua.
Muchachos que plantan sus pies terrenos sobre el asfalto,
prisioneros pies que sin embargo
remedan los alados de Mercurio.
Muchachos que fueron: guerreros con el cuerpo
como una oveja recién nacida
bajo las toscas armaduras; novicios temblorosos mordidos por el cilicio;
servidores jóvenes cuya piel se perdía en el golpe del hierro.
Muchachos que serán y que son, ocultando
los torsos detrás del algodón y el cuero.
Muchachos que ríen echando atrás las cabezas, y en sus gargantas
borbotea la vida como un vino deleitoso.

Muchachos que las estatuas intentan copiar sin conseguirlo
porque no puede la piedra apresar el hálito,
la gracia de unos hombros cuando marcan en el aire
el movimiento perfecto de los astros,
o esa sutil sensualidad de los muchachos dormidos
con el pelo revuelto y las piernas desatadas.

Muchachos negros de brazos alargados,
semejantes a venados que escapan;

muchachos blancos punteados con oro en esos pliegues
donde la mano es presa del verano;
muchachos de cintura ahumada parecidos a un ánfora.
Muchachos desnudos de belleza letal que deja sabor a melado entre los dientes.
Muchachos que transitan el mundo y me hacen pobre a veces.

Dentro de cien años, cuando sea yo como una rama seca,
seguiré llevando los ojos por las playas,
por las calles caldeadas y los pasillos húmedos,
donde pueda colmarlos con esa bofetada amarga y portentosa
que es la visión del cuerpo de un muchacho ignorante de su propia miel,
para batir con ella todo posible avance de mi muerte.

ELLA

De los roces leves que conozco,
pétalo ensalivado,
pelusa vegetal,
plumón de pájaro cautivo,
cascarita de nube,
el mejor es el de tus pechos
cuando tapian mi boca, hermana.

El calor más perfumado está en tu nuca
y en la concha de Yemayá
que se impregna de vino de misa entre tus muslos
para llamarme con una perla titilando,
para tragarme, bruja.

Eres todo lo que temo y lo que niego,
la imagen entrevista entre las ramas,
la silueta blanquísima que oscila como humo
en el fondo de ese bosque
donde puedo morir.
La voz que llamaba a mis espaldas.
El golpetazo de lo que quise ser.
El asfalto quemando mis rodillas.

Cuántas veces tratarás de herirme
para curarme luego con la lengua
que ya no me pertenece.

Cuántas veces vas a reírte
de mis mañas de conquistador barato
y a caminar delante de mí por deslumbrarme
con tus ancas de yegua-diosa.

Cuántas veces más voy a nacer de ti.
Cuántas veces más vas a negarme.
Cuántas veces más vas a decirme hombre
              —el hombre que no soy—
desalmado, infiel, amador de otros hombres…

ZONA DE SILENCIO

No queda nadie.
El viento mete las manos en las habitaciones vacías,
rompe papeles, desordena mis sábanas.
No queda nadie a quien decirle *te amo, qué día es hoy,
cuándo llegaste.*

Me están cercando los lobos.

Veo el ojo febril de la fiera y la luna que arde en su centro.
Una luna de agua, delgada, como una tajada de acero.
Lobos grises, lobos negros, lobos blancos de pelaje erizado.
Lobos en acecho.

Nada que decir, nada que recordar, nadie por quien llorar,
ni siquiera por mí. Nada. Nadie.

Lobos en círculo y el dolor que va subiendo por la garganta
desde el pecho. El dolor como un cordel de fuego,
como un hambre sin curación posible.
Como un latigazo que estalla al azar en un círculo de lobos.

Nada sino el viento en las habitaciones vacías, los muros abatidos,
ladrillos a punto de desmigajarse como pan seco.
Muros blancos
y lobos negros que se recortan en la luz cegadora del día.
Muros negros y un lobo solitario, blanco,

que se recorta a contraluz, a contrasombra.

El teléfono ha dejado de sonar. Internet no existe.
Las cartas se fueron despedazando,
húmedas y carcomidas por la ausencia de mi mano.
Un televisor muerto frente a la cama. Lobos que aúllan.

Y esa figura de bruces: yo mismo, yo misma.
Esa figura que se levanta sin aire, sin tiempo, y, lentamente,
va a unirse a los lobos.

DECLARACIÓN FINAL DE LOS QUE ARDIERON

Estoy en la última frontera.
Más allá nunca exististe, más allá tampoco existí.
Soy la criatura huérfana de ti y de mí misma.
Soy mi propio vértigo, mi negación, mi desamparo ya consumado
y desgastado por el uso.
Estoy a punto de plantar el pie sobre la raya:
Más allá se desdibuja el mundo.
Estoy en el limbo de la sed que no existe y no se sacia.
A punto de no hallarme siquiera en la muerte.

Y canto lo que no se define, lo que no toma partido, lo que oscila
entre izquierda y derecha, malditamente lúcido, bocón, indecible.
Canto mi mano que toca tu cuerpo de varón y lo hace temblar
como a una hembra que se somete.
Canto y me río a carcajadas.
Insolente, bestial, anterior a la mansedumbre.

Mírame y no podrás verme:
Entre los árboles que aúllan meneándose a contraviento,
entre la gente con ojos de pescado muerto.
Entre los cadáveres recientes y los cuerpos untuosos
que se deslizan hacia la vida.

Mírame y paladea lo que canto en silencio.
Tengo mil años y acabo de cumplir los diecisiete.
Mi maldad es tan antigua y deleitosa, tan dulce,

tan repleta de misericordia…

Puedes tenerme una noche pero no más.
Puedes matarme a palos sin saber mi verdadero nombre.
Yo soy la mitad del incendiado y la mitad de lo que fui,
pero reventé en medio de la noche y la vieja piel se desprendió
de mis hombros como una cáscara seca.

LO QUE LES DIJO EL LICÁNTROPO

Voy a toda velocidad porque llevo
un cuerpo en el maletero del auto.
Y puse música en la radio tratando
de cubrir los gritos. Los gritos.

Empero nadie podría detenerme,
Nadie. Nadie me va a demandar.
 Y es que el cuerpo que llevo
maniatado, embozado, cubierto
de *kama salila*, fosforescente
escama de esturión en la medianoche,
ese cuerpo es el mío.

Es el mío, señor agente, mírelo
retorcerse, mírelo no más:
Es la negación
de la negación, y si cree usted
que esa doble vuelta de tuerca
sirve para afirmar, se equivoca.

Un cuerpo que se mira en el espejo ajeno
no es un cuerpo confiable.
Un cuerpo que se mira en el espejo
de los que se miraron en otro espejo ajeno,
un espejo enemigo —y con eso ya son dos
espejos y dos los enemigos…

Un cuerpo que es una mutación, que pertenece
a una subespecie ignota. Un cuerpo
como una bestia salvaje, que muerde
si lo acaricia la mano errada.

Un cuerpo sin domesticar.

Madre, tu hija es un lobo, óyela ladrar
a la piel de cordero que le designaste.

Padre, tu hijo es un lobo, óyelo ulular
mirando la luna llena en el sexo de otro hombre.

Hermanas, dieron cobijo a la persona equivocada.

Hermanos, me han dejado acechar tras la tapia,
sin saber que mis pupilas calcinan la cómoda sombra,
que mi lengua gotea veneno. Que mis garras
están ávidas de sangre siempre, siempre.

Que un licántropo se quiere alimentar
solo del cuerpo de los dioses,
y tiene a cambio que saciarse en las túrbidas linfas
de los que acostumbran a pacer en manadas.

Atrás, cazadores de colmillos embotados.
Atrás, pastores trémulos y perros ovejeros.
No hay una sola bala de plata en vuestras escopetas
mercadas con el sudor de las frentes.

Y ténganle mucho miedo al plenilunio,
que un día
las plazas, las playas, los santuarios,
las autopistas de vértigo,
las estúpidas oficinas,
las discotecas de plástico
de esta inmunda ciudad
se llenarán de aullidos.

LA CANCIÓN DEL EXTRAÑO CABALLERO

1

Mírame,
porque me he plantado ante tu puerta
en silencio, pero en disposición de echarla abajo
si es preciso.

Mírame con misericordia,
tú que me has sostenido en tu mano sin saberlo.
Tú a quien no puedo dar un nombre.

Mírame golpeando con la palma abierta, mírame desesperando
por todo lo que espero sin saber si mi torturado cuerpo afrontará
los raudales de luz que estoy rogando a gritos.

Mírame y ten piedad de mis oscuridades, amor mío, mi presa,
mi inocente verdugo, mi prisionero en esta guerra
que insisto en alentar pese a mi zurcido corazón.

Mírame insistir bajo la lluvia, al filo de la luz que muerde,
entre charcos inundados de luciérnagas
y pantallas de ordenadores que parpadean.

Mírame y aparece de una vez.
Abre y concédeme un vistazo,

porque te espero desde el principio de los tiempos,
y conmigo
han estado aguardando mis demonios y mis animales sagrados,
y la larga y desconocida hilera de ancestros se agita en mis venas
mientras susurran palabras sobre ti en idiomas vivos y muertos.

2

He venido a la tierra
a tronchar todos los preceptos.
He venido en secreto, con una pulgada de furia,
sin perseguir el poder de los cuervos ni el reposo
de las plácidas aldeas donde se canta a las cunas
y se tiende a los muertos dormidos bajo el trigo.
He batallado mil veces mil años
sin desnudarme los pechos,
sin desprender la coraza de acero y sangre y nieve.
He enmudecido
porque casi nadie reconoce mi música.
Llevo mil veces mil años calentándome las manos
junto a un fuego solitario, sin más fe que la nada,
sin más aliado que el viento del sur
borracho de hierba, ávido
de los gráciles contornos del granizo.
Tengo en el bajo vientre una ranura
por donde a ratos asoma el sol.
Tengo las palmas de las manos rotas
de ceñir la empuñadura de mi estoque, y la lengua
abrasada de tanto querer posarse sobre el filo del grial.
Busco una cifra para atármela en la manga
y proclamar de nuevo un nuevo señorío:
Hombre dulce y errante, ¿querrás tú ser mi reina?

MALDITO, BENDITO

No es tu boca porcelana de fieltro
masticada por mí
repitiendo mi nombre,
ni tu torso que se curva
como un obsceno alfanje,
ni la suave cordillera de tu grupa
en alto, a la espera,
ni tu sexo que late y engrosa,
productor de melaza.
No es tu espalda marcada
por mis dientes, ni la oreja madreperla
donde anuncié los desmanes que vendrían.
No son tus párpados de sombra,
ni la fruncida rosa en la que
planto mi lengua, ni el olor a salvia
que te empapa los flancos.
No es la áspera floración
que te cubre las mejillas mal afeitadas,
ni tus clavículas de cal, ni el gesto ambiguo
con que te entregas. Es todo:
El brutal esplendor que nos circunda.
Mi pobreza para deletrear
la gloria. El miedo purísimo
con que accedes a yacer debajo de mí.
El calor de esta tarde
que jadea como yo, mirándonos,
mirándonos.

RECONOCIMIENTO

Estoy desenterrando mi rostro,
que es todos los rostros de mi tribu.
Trabajosamente los extraigo de la oscuridad,
los cuelgo de las estacas de afrenta que plantaron
sobre cada una de sus tumbas, mi tumba.

En el ojo derecho desamparo, una risa estridente
bajo el párpado izquierdo, un tic, la boca torcida,
pintada a veces, un poco rota, des—besada.
Sellos de infamia en las mejillas, triángulos imposibles,
vestiduras rasgadas. La lengua árida.

Un dogal de negación: Serás, serás, serás
como tienes que ser. Serás como no puedes ser,
como te obligan a ser a punta de miedo.

Mi tribu fantasma escondida en ropas ajenas.
Mi propia tribu esparcida por el mundo. Multicolor.
Con las alas fracturadas. Nocturnos sin remedio.
Enloquecidos. Vendiendo el último peldaño
de la escala de Jacob. Caras crispadas.
Antifaces de nunca—jamás. Mi rostro.
La faz vulnerada de lo que somos.
La masticada gloria de lo que somos.

Estoy reconstruyendo con un puño apretado
en el bolsillo. Reconstruyendo mi tribu,
mi rostro por primera vez sin máscara.

URANO PÚRPURA

Yo te rezo, padre-planeta, Loco,
dios mío de las rientes desolaciones.
Por detrás de mi yelmo de Saturno
estoy mirando, estoy venerando
esa mujer de rostro equívoco que eres,
que no pasa por tal por más que se maquille.

Dios nocturno, hermana de los gatos,
lengua de colibrí, plenilunio de aquelarre.
El que pudo salvarse de todas las hogueras:
La que asusta a los párrocos y los predicadores.
Dios que habla con voz de violonchelo,
mujer que no abulta el escote pero enseña
unos pezones del color de la flor de la picuala.

Dios mío de boca de pan tierno,
mujer que se guarda una vara de caramelo
adentro de las bragas de encaje.
Dios—mujer con faldas que ronronean,
que aletean alrededor de sus rodillas
como un enjambre de libélulas borrachas.

Hazme bendecir lo que soy, este absurdo híbrido
que clava la lanza de la que carece, y se derrama

para preñar a sus varones a la par que agita
estas alas de arcilla, estas flamígeras.
Madre Urano,
mujer que tuvo que cambiarse el nombre.

ALESSANDRA MOLINA

Alessandra Molina (Ciudad de La Habana, Cuba, 1968). Licenciada en Letras por la Universidad de La Habana. Premio de Poesía de la Ciudad Luis Rogelio Nogueras (1996). Beca de Creación Prometeo (1999), y Segundo Premio del Concurso Internacional de Poesía de la Editorial Siesta (1999). Ha sido invitada a la Bienal Internacional de Poesía de Bal-de-Marne, París (1999). Después de asistir a un congreso literario en Iowa State University no regresará a su país. Entre los años 2006 y 2007 fue acogida por el programa de becas de la Casa Internacional del Autor de la ciudad de Graz, Austria. Ha publicado los libros *Anfiteatro entre los pinos* (1996), *Usuras del lenguaje* (1999), *As de triunfo* (2001), *Otras maneras de lo sin hueso/Andere Arten, knochenlos zu sein* (2007) y *Algodón del sueño, cuchillo de los zapatos* (2015). Su creación poética ha sido incluida en las siguientes antologías: *The Other Tiger. Recent Poetry from Latin America* (2016), *Only The Road. Solo el camino. Eight Decades of Cuban Poetry* (2016), *Otra Cuba secreta. Antología de poetas cubanas, del xix y del xx* (2011), *Cuerpo Plural. Antología de la poesía hispanoamericana contemporánea* (2010), *Poesia Cubana Contemporânea. Dez Poetas* (2009), *The Whole Island: Six Decades of Cuban Poetry* (2009), *El decir y el vértigo. Panorama de la poesía hispanoamericana, 1965-1979* (2005), *Island of My Hunger. Cuban Poetry of Today* (2005), *Las palabras son islas. Panorama de la poesía cubana del siglo XX* (1999), *Dossier. 26 nuevos poetas cubanos. Mapa imaginario* (1995). Colabora habitualmente en numerosos revistas culturales.

PRIMERA FLORACIÓN

Da un poco de vergüenza
desear como niños piedra en mano
la carne de un retoño
o esa dureza mínima, a veces insabora,
que de un golpe sobre el campo de asfalto
descubren comestible.
El niño y la primera floración
han de encontrase.
La gota que de almíbar nace al polvo.
El pétalo sanguíneo.
La uva de la costa.
Abrir, hurgar la comidilla
con un diente,
probar que no envenena.
Hacer la búsqueda que hace un niño
—la del gran alimento—
con esta lengua subterránea.

UN CIERTO DÍA

Para Liliane Giraudon

Mejor hubiera sido compartir el espanto de las oficinistas
cuando algún ratoncito se cuela en sus papeles.
Una a otra despeinan sus cabezas,
cuelgan de las clavículas,
juntando bien los puños hacen cuatro escalones.
Es un pavor tremendo, un terror al ratón
que busca un orificio,
baten sayas, se agitan,
juran que la colita les roza todo el cuerpo.
Su terror de oficina es también primer llanto de la adulta,
es también su bautismo,
se nace a la mujer, a las mujeres,
se está sobre una mesa con ese cuerpo inmenso, delicado,
con la inmensa cartera.
Un miedo de epidermis que si va a lo profundo
salta como cortezas.
Basta actuarlo una vez, un cierto día,
en la hora por siempre señalada,
ante un espectador, ante sus brazos.
Ay de lo que te aguarda, ay de lo que te elige,
ay de aquello que espantes,
si a ti no te fue dado,
si no jugaste nunca ese miedo al ratón
y sus múltiples poses.

DESMEMORIA

A tu llegada nos sentamos juntos,
vi al perro acercarse
y me pregunté con voz y con palabras de otros
por qué a mi mano sobre su grupa la llamarían
olas de piel hacia el collar ceñido,
por qué mi mano se pierde donde comienza la sangre del animal.
Se tendió entre nosotros
lo que no tiene verdadera alegría, ni fin, ni comprensión,
ese instante animado de la desmemoria.

Me contabas anécdotas,
nombres de una región infértil
rotulados por el chirriar de los colmillos en la tierra;
nombres claros, sonoros
y otros extraños y oscuros
como la mancha azul sobre la lengua nos habla del veneno
o del origen de una raza noble.
Caminos, cuestas. Lo que se hunde y aflora,
de qué manera asciende la fruta hacia el recuerdo
por los rígidos peldaños del paladar,
de qué modo la buscaremos todavía.

Escuché y vi doblemente aquella anécdota,
la comprobé con el hábito de un artesano
que escoge la herramienta sin voltear el rostro,
como si su mano fuera el interior del objeto.

Retiré la mía de la boca del animal
que mordiscaba suavemente,
adormecido ya,
y esa humedad tibia, sin embargo,
no me dejaba entender el comienzo de la lluvia.
Todo indicaba que debías irte;
miré al perro buscar un sitio de reposo
donde se tiende lo que no hay de amor.

MARGARITA

Aún mi cara era fresca,
erguida sobre el cuerpo
cuando asomó por allí la margarita
con pétalos vidriados,
blanquísimos,
para un cortejo.
Trajo la brisa su pregunta:
Por qué no amas.

De dónde venía la inscripción de esa frase
a secar los homúnculos.
Hombrecito de pasta
todavía sin brillo, sin la sombra,
que nacía del valor artesano
a la gran utilidad o a la comedia:
inmensos senos lo apretaban,
las raíces lo hundían,
los insectos eran su tormento;
y una vez comprendido
que no alcanza el universo para lo natural
mientras al artificio sobra
el más pequeño espacio,
una sola entre todas las noches
sirvió de recipiente.
Ya no recuerdo bien
pero entonces lamieron nuestro beso de novios

otras lenguas.
Las madres nos cuidaban,
el blasón aguileño resopló la furia y la alegría.
Como nietos giramos en la esponja violeta
que poco a poco se cierra sobre el ojo.

Corrí a la higiene primaveral
con el sabor de unos versos tempranos: nudo de cedro, chispa
en la roca, vidrio, mancha, hueco...
Tenía mi goce sobre la hierba
cuando asomó por allí la margarita:
¿Has visto como a los novios les complace
una sonoridad, un agradable rumor?
De eso mismo estoy hecha.
Antes era una sola,
vine hasta ti como un cortejo amoroso
y no supe en que sitio lo tomaste.
Ahora que soy un campo
(lo cual era cierto porque su corazón amarillo
latía muchas veces bajo el sol)
quizás comprendas que un cortejo amoroso
es la antesala
muy discreta
de un cortejo fúnebre
(lo cual era siniestro porque sus corazones amarillos
reían muchas veces bajo el sol)

RONDA INFANTIL

De pestañas albinas
como espesor de polen a la luz
nace su propia alergia,
soplo de un estornudo.
Alérgica y albina
bien podría ser diosa
si al hincar con melindres lo que come
en la piel transparente le estallara lo púrpura,
se le hincharan los ojos,
si el golpe de la sangre fuera el de un sacrificio.
En este lugar sin estaciones, sin diosa antigua,
aquí donde no hay crímenes,
donde mejor que el crimen es la fábula,
ella cuenta lo que le cuenta una vecina,
un profesor de canto, un matrimonio,
el hombre de las cabras,
el joven novelista, la psicóloga...
Dicen rondan infantil de agudos que requiebran
y van más allá del canto
en proyecciones baratas de horror.
Dicen muñeca rota, pie de niña,
juguetería que cuelga entre las ramas;
de animales nocturnos dicen cópula.
En este lugar sin estaciones, sin diosa antigua
y sin legítimos crápulas.

PARÁBOLAS DEL BUITRE

> Un buitre me picoteaba los pies. Ya me había desgarrado los zapatos y las medias y ahora me picoteaba los pies. Siempre tiraba un picotazo, volaba en círculos amenazadores alrededor y luego continuaba su obra. Pasó un señor, nos miró un rato y me preguntó por qué toleraba al buitre…
>
> «El buitre», Franz Kafka

Como el pico del buitre
en la boca del condenado
quiere ser tu palabra
en mi silencio.
Pico y un solo ojo,
cara de un solo lado
que sin moverse
sabe
del otro que vendrá
con la misma pregunta
y la respuesta: «¿Pero,
por qué se deja destrozar así,
por qué se deja atormentar de modo tan salvaje?
¡Si usted lo quiere, buscaré mi arma!»

Y con qué gusto intentamos este relato
que, bien se sabe, no nos pertenece:
un vuelo por la altura, un giro,
la caída en picada y la cabeza del buitre

que pasa por la boca
a ensartar el velo de una garganta.
Relato con un buitre de leyenda
para una garganta de leyenda,
pues no ha habido silencio más suculento
ni más picoteado.
Un silencio profano pero hondo como los cielos,
y un cielo, solitaria gallardía del rapaz
de modo que este
pareciera dar con sus reprobados
en el puro azar del vuelo
y la caída.

Nuestros asuntos, para qué comentarlo,
son la parte intricada, la carne de la carne
de esta rapiña
con este magnífico silencio
y un buitre
tan épicamente atragantado
en la fuente de sangre de su elegido
que llegado el tercero con su arma
no sabría a ciencia cierta
qué matar.

EN EL CATÁLOGO DE LAS INTENCIONES

Para Evelyn Tschernko

I. La visita del cuervo

El cuervo es el pájaro que está.
Pluma gris en el negro
hace ruidos de lluvia,
hace ruidos de piedra en los aleros.
Su graznido cercano
y más lejano que el día.
Baja por el castaño, el industrioso,
como una rama muerta.
Con su cuerpo pesado
levanta una corteza,
la corteza que se abre es otro pico.
En el portal se oye.
Hace ruidos de hombre.
En el portal no existe.
Trémulo de razón, a quien ya nada asusta,
el hombre le reprocha la molestia,
le replica entre dientes:
¡espantajo! ¡maldito!

II. Ruinas, circa siglo IX

Quién sabe de nosotros,
los nuevos andarines de estos bosques
que buscan de la guerra un escenario,
un retablo silente.

Una novela sabe.
La loma misma sabe, su fortaleza en ruinas,
un símbolo notorio
de espanto y desmemoria
que convoca a la altura
y que doblega.

La pesantez del cuerpo,
la cabeza metida en el camino
hasta dar con el muro,
o una muralla seca, repentina,
que el cielo busca sola.

Cinturón de defensa,
resguardo de las armas,
galería de espera y de combate,
preparación, acecho, derribada...

Y tras esta cabeza,
por la nuca que cede a un hilillo de aire,
la ciudad defendida.
Otro escenario mudo.

III. La invitada

Terminaste el verano
cultivando el asombro
de ser tú la invitada,
un cuerpo residente y merodeado
por los restos de un clima, de una luz,
que en un punto del día
no te eran extraños.
El estiércol mareante.
El animal en pie y adormecido
por un rumor de paja
contra la tierra tibia.
Ningún dolor —decían—,
nadie viaja tan lejos para un dolor tan recio

que al dolor siempre vuelve y lo refina.
Te apuraste a esa hora, te alegraste.
Por el follaje limpio —puntada de colores,
puntadas de palabras en una boca ajena—
avanzaban los cuerpos.

Se durmió la simiente,
se abrazó la hojarasca,
la piedra de tu casa quedó limpia una tarde,
te descubrió, a su lado, la otra piedra:
una pared desnuda,
una memoria tiesa, de ladrillos,
caminaba a tu encuentro.

IV. Coda

Fantástica y precisa
ha de ser esta suerte
que en tan poco te tuvo
y hoy te regresa
del fondo de los tiempos
y el curso de los días
con la seña de estar
prefigurado.
Lo escondido y sinuoso
ha dejado una forma
y en ella te deduces.
El silencio se ha roto
y tu palabra no vale, se adivina.
Eres la sombra, el hijo,
el frenético golpe de una herencia,
ese ojo que rota
y en su cuenca descansa
de una alerta solemne.
Eres el adivino adivinado.
El deudor, el oscuro.

El enquistado hijo de la historia,
pendiente y concluido
en mitad de la historia,
y allí mismo, también,
eres la brecha.

SIN RESQUICIO

Todo el día se habló de la tormenta,
el aire cortaba, entregaba a su antojo
las palabras
de aquellos que la habían adivinado.
Era la extraña llegada de la lluvia
a unos campos
que ya pertenecían a la nieve.
Todo el día se habló de la tormenta,
todo el día se le esperó,
y cerrada la noche,
cerradas las cortinas,
quedó un ojo.
Bajo el cielo rasante
el blanquecino,
desmesurado ojo de la tierra.

TABERNA

«Y todavía nos espera el lago»,
dijo alguien
en la taberna de la montaña,
tan caldeada
que cada hombre podía imaginarse
en una eternidad de forastero:
el extraño de sí
que libera sus muslos
de dos muslos de piedra.
El que vuelve del mundo por su cuerpo.
El que vuelve a su cuerpo.

En la mesa rodaba la moneda del lago.
Las aguas congeladas, el círculo de plata
alojado en el valle de los pinos
era azul allá arriba.
Apuntaron al lago y fue decir los lagos,
la franja de arrecife donde empiezan los mares,
las ciudades con puerto,
la bahía,
la madera de bosque donde pega una playa.

Unas horas más tarde dejaron la taberna,
la montaña,
pasaron sobre el lago sin saberlo.

NO HABLA PARA MÍ

Y aquí afuera la noche, dijo el búho.
Y en el pueblo la gente replicó:

No habla para mí.
No es esa mi noche.

Son ya demasiadas anécdotas,
demasiados presagios,
increíbles muertos de un aviso,
búhos cazados en el corazón de un joven.
Entre las ramas que cruzan los cielos
y en el follaje que crece y se mece bajo la tierra.

No habla para mí.

Su cuerpo se espiga al interior del canto.
Es ágil, es huesudo y alado como un ave cualquiera.
Es rapaz declarado,
luchador y viajero.

No habla para mí.

Es planeador.
Un pez que se escurre en la noche del agua
y ese canto de solo una vez, de solo para alguien,
que ahora retumba en la oreja de todo el pueblo.

Las casas al pie de los árboles
y un búho que pareciera saber las preguntas
con las que se dice que él canta.
Es una soledad
y es la comicidad en solitario de una premonición.

No habla para mí.

Búho sin canto, sin bosque, sin noche...
Susto tan nuevo del búho que se posa
y entra al sueño del pueblo
por una rama suelta.

FORTUNA

Brindan tan buena suerte, si es que brindan,
si es que en verdad se atreven a decir,
a nombrar esa hora,
pero a mí, que soy la Fortuna
y he vivido entre ellos,
no me conocen.

Tiro de cubilete,
una carie y un brillo por la boca de cuero
que callada es que dice.
Tamborcito cosido
bajo unos dedos grandes
que entre hilachas de humo
abandonan la espera y su redoble
con tiesura de pinza.

«¡Al juego!», van al juego,
se embriagan, vociferan,
hacen vieja la juerga,
qué es la ebriedad sino
un sueño en la vigilia de otro sueño.
Su risa es la escapada de una dádiva extraña,
de una dádiva oscura, dirán ellos.
Su algazara discurre sin tocar nunca el centro
de esa fiesta.

Les han llamado zorros, los traidores,
los risueños vendidos de ambas partes.

Pero mira esos gestos,
quién que los haya visto
no sabe de esos gestos.
Todo ardido y gozado en una noche,
todo tomado al vuelo, de reojo,
todo como zarpazos y a zancadas.
Para que nada roce
con su otra alegría,
con el hombre que fueron.
Todo risas y bromas
bajo una mano fuerte y un poco amanerada
en el gesto impreciso de esconder
una carie.

PATRIA DEL IDIOMA

El invierno no había terminado
pero en los árboles sonaba el corazón de una hoguera,
el rumor de los brotes que hinchan la vieja piel
y parten las puntas más finas de las ramas
una a una.
Con sus alas, con su breve posarse,
con su pico y sus garras minúsculas,
los pájaros llenaban el aire del color y los fragmentos
de aquel fuego primaveral
que volvía a hacer sus primeros anuncios.
A semejanza, teníamos el ánimo de unos estudiantes extranjeros
que hubiesen llegado al país
un poco antes de la fecha acordada.
Sobre la mesa
los cítricos mostraban un lustre incandescente
que aquella mañana no nos parecía artificial. Convidábamos
y hasta hubo un momento de refutación poco solemne, alborotada,
cuando alguien advirtió —se lo había dicho su madre—
que comer mandarinas en exceso
era causa de una enfermedad llamada escorbuto.
El invierno volvió, arremetió,
el rumor de los brotes se apagó contra el viento,
los pájaros aparecían a deshora.
Solo las frutas, con sus pulidos destellos,
conseguían retener aquella promesa de la primavera.

Primavera.
Mandarinas.
Escorbuto.

¿De qué gajo secreto, torcido y nudoso, colgaban las palabras?
¿Y hacia dónde colgaban con su error o su verdad?
Recordé con vergüenza tan fácil refutación,
y su madre que desde hacía años estaba muerta…

VÉRTIGO

Vi un pájaro
(y unas pezuñas lilas, las patas como anillos
trabados en un tronco).

Vi un pájaro de enero
(y los astros de enero que nada comenzaban).

Vi su cabeza erguida
(y un ansia, un cúmulo nervioso).

Vi un pájaro de enero, un pájaro cantor
(y el horrible chillido de esas aves oscuras
que más parecen sapos picados por culebras).

Vi su ojo
(y vi un golpe de clavo que colgara
sus diminutos huesos
recubiertos de plumas).

Vi un pájaro de enero
dejarse caer como una piedra
y hacerme en ese instante de tocar en el suelo
un malabar de burla.

RAÚL ORTEGA ALFONSO

Raúl Ortega Alfonso (La Habana, Cuba, 1960). Poeta y narrador. Salió de la isla en 1995 y ha residido entre Estados Unidos y México. Ha trabajado como corrector de estilo, editor, profesor de literatura y español en varias universidades. Fue columnista de la sección «Noterótica» de la edición Mexicana de *Playboy* y del suplemento cultural *Sábado*, del periódico *UnomásUno*. Entre sus libros publicados están los poemarios *Las mujeres fabrican a los locos*, *Acta común de nacimiento*, *Con mi voz de mujer*, *La memoria de queso*, *Sin grasa y con arena*, y las novelas *Fuácata*, *Robinhood.com*, *El inodoro de los pájaros* y *La vida es de mentira*, esta última Premio Ediciones B & Playboy de Novela Latinoamericana 2013. En 2014 obtuvo el VII Premio Internacional de Poesía «Blas de Otero», con el libro *El caballo no tiene zapatos* (2015). En 2015 publicó *A punta de palabras (1987-2014*, una antología de su poesía. Poemas y cuentos suyos han sido traducidos al alemán, al inglés y al italiano. Actualmente trabaja como periodista e imparte clases de español para extranjeros en la Riviera Maya.

EL ORIGEN

Craschuss / Craschuss / Craschuss/
Un ruido / una visión / una palabra del silencio / todo como una costra en la cabeza que solo vive para burlarse del olvido/
Aún mi madre parada en la cocina /chupando los huesitos del pollo que a veces lograba poner sobre la mesa / a cambio de empeñar otro buche de sangre/
El odio no es gratuito / tampoco se hereda como una enfermedad / ni se forma en los vientres como un pulmón o las extremidades/

Craschuss / Craschuss / Craschuss/
Aún mi madre de pie en la cocina / como si fuera un árbol empecinado en crecer donde no había tierra/ oculta de sus hijos para que no le preguntaran por su oficio de hiena / mientras nosotros calmábamos el hambre/

Craschuss / Craschuss / Craschuss/
En nombre de qué nada/
En nombre de qué ego / delirio / en nombre de qué invento de ideas que engordan con el aplauso de lenguas que se arrastran / uno va a soportar que le cambien los besos de una madre / por alguien que más bien ya parece una perra con rabia aullando en la cocina/

El odio es la semilla de una imagen que te crece en los ojos para siempre/

A HOLLYWOOD NO LE GUSTA FILMAR LOS LUGARES COMUNES

La vida de mi padre se redujo a ver pasar los días, sin que nadie supiera que él mascaba las horas como si fuera un chicle con el sabor amargo de empujar los finales.

Como una roca que sonríe por fuera, por dentro estaba lleno de esos buches de sangre que le iba regalando sentirse una vasija con un hueco en el fondo.

Con hijos pero sin hijos; con nietos pero sin nietos; con algunos hermanos que ya no trabajaban ni de fantasma en las visitas, a mi padre se le fueron partiendo las ramas mientras todos decíamos (desde lejos) que aún estaba fuerte.

Fingió reconocerme la última vez que quise hablar con él después de veinte años, pero con la mirada me advirtió del silencio, que ya no le servían las palabras.

Durante la eternidad que duran los abrazos que uno no quiere dar al despedirse, tuve la sensación de que el viejo pudo ahorcarme, pero no quiso hacerlo para que lo escuchara:

Pobre muerte, me dijo; todo el mundo la odia y ella solo es un pájaro que vuela con la noble misión de limpiar la carroña. El criminal, el que no tiene madre, el verdadero hijo de puta es el olvido.

DE MIS ANTEPASADOS

Yo soy una mujer. Hace apenas un segundo era un hombre. Afirmo esto porque me quiero mucho a mí mismo, y amo más a mi madre cuando es mi padre. Walt Whitman es la madre de mis padres y mi abuelo, así lo dejó escrito para que su nieta lo aprendiera. Helena no, Helena parió a Whitman y punto.

El día en que mi padre fue a pedir la mano de mi madre, ya ella era un hombre, y él una mujer, por eso se casaron al instante. Más tarde me tuvieron a mí, y aunque demoré unos minutos en nacer, esperando a que mi padre fuera mi madre, crecí dichoso y contenta y esto se lo debo al hombre y a la mujer que soy.

Fui chulo y prostituta; aeromoza y piloto; enfermera y carne de cañón; embajadora y comprador de guerra para mi país —que se ha hecho rico, no importa la cantidad de cabezas que tiene que pagar—; fui fetichista de mí mismo y mirador de hueco de mí misma: igual estaba en la ventana de hombre, que de mujer bajo la ducha y viceversa. Si llevé una vida feliz fue porque nunca estuve sola, ni aun aquella vez que me violaron y me obligaron a violar a una niña porque no quiso callarse ante los periodistas que vinieron no sé de qué planeta.

Calvo, con los senos visitándome el omligo y la virilidad aterrizando en un pantano, veo cómo andan separados los hombres y mujeres, cómo se arañan entre sí, se mienten, se masturban a escondidas del mal llamado amante, no acuden a la cita, se dejan y se olvidan, no reconocen a los hijos ni a aquella que pasó, aunque hayan estado durmiendo doce años en una misma cama.

Si fui feliz es porque nunca estuve solo, y si ahora estoy triste es porque soy la última sobreviviente de una raza.

LA FAMILIA

Mi madre inventó el miedo. El suyo —que es muy particular— lo guarda en las gavetas de un enorme escaparate que fabricó mi abuelo con las cajas que le robaba a los muertos segundos después de que fueran enterrados. La vieja cursó estudios de fobia en la universidad antes de casarse con mi padre, y logró —llevada por su verdadera vocación— acumular y clasificar el horror de los demás, que colocó en grandes anaqueles diseminados por las habitaciones de la hermética casa en que vivíamos, convertida ahora, por obra y gracia suya, en un flamante almacén del miedo.

Mis hermanos y yo —trece en total— dormíamos sobre unas literas que ella amarró con hilos de araña del techo del segundo piso, quedando el agradable dormitorio justo encima del hueco del sótano que nos miraba con su ojo burlón, desde una distancia de más de veinte metros. Mi madre, ayudada por el insomnio, tejió grandes sacos que acomodaba debajo de nuestros cuerpos suspendidos sobre el abismo, para recoger —según le escuché murmurar en su monólogo—, sin perder una sola gota, el espanto que destilábamos durante el apacible sueño.

Eran días de fiesta las veces que llamaban a la puerta. Ella embellecía de miedo y nosotros corríamos cada cual a su escondrijo; entonces, obedeciendo a una señal de mamá, mi padre se hinchaba de pavor y enviaba su sombra a recibir el visitante. Si por casualidad era una citación, nos pasábamos meses y meses sin salir del agujero, temiendo ser el que mandaron a buscar. Durante ese periodo, mi madre recuperaba unas libritas y risueña se paseaba con una aspiradora que le servía para extraer el pánico de nuestros escondites, sin tener que molestarnos. Se moría de felicidad el día de su cumpleaños. Nosotros recolectábamos todo los sustos regados por ahí y se los obsequiábamos envueltos en una caja adornada con sapos y culebras, que a ella tanto le horrorizaban.

Creo que la gente nos quiere a pesar de que por temor no le devolvemos el saludo. Muchos de los que vienen a vendernos el miedo, se compadecen —claro, desconocen que somos casi ricos con nuestra colección— y nos lo ceden gratis. A mi padre no le alcanza el dinero para comprar todo el terror que nos traen; él tenía buen salario, pero complaciendo a mi madre, se trasladó para una fábrica de torturar, y aunque gana menos porque está de ayudante de apretar cuellos, retorciendo testículos y otras menudencias, puede robarse pedacitos del miedo que sueltan los usuarios y regalárselos a su esposa.

Hoy nadie ha salido de su madriguera. Pensamos que mamá enloqueció. Siempre tan alta de cuello, la vimos desnudarse frente a la ventana que nunca se había abierto, vociferando palabrotas y señalándose el sexo; mientras la gente uniformada que desfilaba por la calle, la miraba despavorida.

SOLA, SOLA, SOLÍSIMA

La necesito tanto como aquellos que necesitan sentirse acompañados.
¿O es que acaso una no puede exhibir la soledad sin que la tilden de puta o desahuciada?
Así, a capela, sin que nadie me recuerde la maldita costilla (si el cuento hubiera sido de verdad no nos habría hecho tanto daño); sin posar, sin pasarelas, sin lavadoras, sin vestidos, sin depilarme, sin rodillas ni dioses, sin enseñar las nalgas por dinero; sin novio, sin marido (que es una dictadura más vieja que la inventada por los chulos); sin hijos que te destrocen el vientre y te tumben las tetas y te enseñen de qué tamaño puede crecer el miedo de una madre; sin proas y sin popas, mucho menos timón; como una veleta, para sacarme el círculo que quiera de la bolsa y dar vueltas y vueltas sin que nadie las cuente; sin confesiones, sin amigas que solo están mirando los tacones que calzas, o si ya te salió la celulitis; sin tener que usar la palabra para tratar de complacer; sin cadenas al cuello como animal de feria; sin ningún maquillaje; sin ponerme bonita para esperar que vengan a buscarme como si recogieran a una inválida.
(Mentira quienes dicen que valgo por mí misma. Carne de la publicidad. Vaya manera de dirigirse al mundo: todo lo quieren diseñar con la forma de un pene para después colocarlo en nuestras bocas mientras guardan con celo el zapatico de cristal para que nunca olvide que soy una sirvienta).
Sola, sola, solísima, yo misma me quiero llevar a todas partes; acostarme descalza, en el sitio que escoja, con las piernas abiertas, a esperar que la luna se convierta en un plátano, y restregarme el sol bajo las venas y mancharme la piel con el fango que invente.

Sola, sola, solísima, cosechando mis vinos y mis coles, a ver si de una vez y por todas, en medio de este remolino de sangre que algunos llaman vida, puedo salir a flote, y sacar la cabeza para que sea incuestionable lo que soy, sin tener que levantarme el vestido y enseñarles la raja.

EL CUMPLEAÑOS DE LA GENTE

a Irina Echarry

La gente se vuelve carnicera de su propio pellejo
La gente está escapando con una bola de hierro amarrada al tobillo
La gente anda como loca detrás de su ración de barranco
También tú eres la gente
te reconozco por tus ojos de vaca abandonada
porque a ratos me escondes debajo de la axila
cuando oyes hablar del átomo y sus vísceras
porque tienes una isla sin luces enredada en el cuello
y la ceguera de los barcos te golpea la espalda

También yo soy la gente   me reconoces
porque he pasado mi tiempo custodiando
un pedazo de hielo bajo el sol
porque viajo montado en mi colmillo
porque me da una risa
una de esas risas que no tengo
ver a la guerra comprándose unos ojos
porque veo que se te va la vida
y me planto —aunque me empujen—
con mi jarra feroz debajo de donde ella va cayendo

Tú y yo somos la gente
nos estábamos contando los temblores
y de regalo el agujero debajo de los pies

Hoy es el cumpleaños
Cada cual abre la puerta del puñado de tierra que le tocó en el rostro
para que sus invitados se diviertan
Nosotros nos vamos a poner de acuerdo en nuestras tumbas
nos vamos a intercambiar los huesos de la cara y de las manos
nos vamos a robar y a regalar las flores del policía que enterraron ayer
nos vamos a masturbar con la sonrisa vía satélite

Pero por favor   amor
no te bajes la saya delante de los muertos
mira que nos pueden quitar la beca que nos dieron
mira que seguro están filmando
y nosotros somos la juventud más sana del planeta

CON MI VOZ DE MUJER

Yo soy Eva o María, la madrastra de Dios, la que le pega mientras reza cuando Adán viene borracho y me golpea a mí. Adán o Pedro es un alcohólico y ladrón de caballos, y la manzana estaba llena de agujeros que él taponeó con cera para que yo no le viera los gusanos. Nunca tuve una casa, un vestido; pueden ser un árbol, una hoja, pero... ¿y la caricia? Yo soy Eva o Juana, la novia de Tarzán, la de servir la mesa y llevar los monitos a la escuela, la del *striptease* en la boca del lobo a cambio de un trozo de carroña. Yo me acosté con Noé y su tripulación encima de una ola furiosa, que me contó cómo se hundía el Arca a causa de los agujeros que le hice. Yo soy la amante preferida en el baño de los manicomios; aquí me abro para Sancho y la patada de su mulo; aquí soy la rubia desnuda que posa para Vincent, chupando un mango madurísimo, y abierta como una tijera recién afilada. Aquí soy la mano de Charlotte Corday, que se hunde gustosa en la bañadera y chapotea en la sangre de la guillotina. Yo soy el laberin... *STOP PLAY*... Tuve blanca la piel como el queso fabricado por la gente más pobre, pero al igual que el mar le plagia al cielo su color, así de negra estoy por dentro porque también le plagio el color a la tierra. Soy la Primera Dama. A mí me corresponde navegar —con quitasol y todo— en el agua que le brota por las narices a la gente; a mí me corresponde el puesto de cajera en este negocio de quejidos. De uno en uno se me amontonan los segundos para cobrar mi cuota de humillada...

Estas fieras que me clavan sus banderas en la pelvis y me alzan como trofeo conquistado en sus guerras, son mis hijos. Ustedes que me escuchan, son mis hijos. Todos son hijos míos; también mis violadores, a la hora del vino o sin el vino, de la droga hospedada en la nariz o en las venas.

¡Esperen!, no me corran delante como si le estuvieran huyendo a una epidemia. Yo sé de dónde vengo: mi origen está en el óvulo expulsado.

Nadie me quiere pero me necesitan. Tampoco se me asusten. El odio me relaja. Soy la flecha queriendo atravesar el sol; ese viejo de acatarrados lentes y rayos que cuelgan como flemas de gajos moribundos.

¡Ah!, mis niños pedrada, mis niños afilados, mis niños bomba: dueños de grandes tesoros cancerígenos. Mi sexo es una escoba desflecada que se cansó de barrerles el cerebro. ¡Ah!, que histeria tan sabrosa paladeo. Ahora son perros trabados a mi sombra en medio de una calle que conduce al vacío.

Miren al mundo con su trajecito a rayas paseando entre paredes. Nosotros somos la visita de un preso que no tiene visita.

Ahí va un poco de música para que no se aburran con mi voz grabada en esta cinta, que ustedes sonriendo y con rabia romperán entre manos, pensando en esas locas que se peinan con alcohol el cabello delante de una hoguera.

Alamar y mayo y 1994

LOS EGOÍSTAS

a Betsy Socorro Izquierdo

Por nadie más nos vamos a morir
Cada cual que le ponga la cola a su muerto
Ahora solo tú y yo contamos
solo tú y yo nos velaremos la caída

Mira   mira cómo retoza la política en la charca del inodoro
mira cómo me anuncian
No saben que eres la única capaz de descifrar mi algarabía
mis gritos bajo el agua

Tuyo será mi empuje   la esperma y la luz de la vela
Nuestra   la baba que fabricamos dentro del caracol
la taquicardia en la punta del trampolín
el corazón al aire en la picada
Haremos de relámpago y otras de pararrayos
Seremos el ladrillo y la vidriera y los maestros y los alumnos
y nos castigaremos por aprobar Derecho
Seremos la policía y el Estado
y andaremos detrás de los ladrones que somos
También los dueños de la cicatriz
pero no culpable de que envuelva el cuello de la tierra
ahora que la tierra solo sirve para caernos en los ojos
y los ojos solo abundan debajo de la tierra

ME CAGO DE MIEDO FRENTE A LA SOLEDAD QUE ME BUSQUÉ

> *Del cinturón para abajo, todos los*
> *hombres son hermanos, el hombre no*
> *ha conocido jamás la verdadera soledad*
> *excepto en la regiones superiores, donde*
> *uno es poeta, loco o criminal.*
> Henry Miller

Qué hago escarbando y escarbando como un viejo minero
que encontró una veta de fango
y obsesionado va en busca de otra veta de fango
Dónde están mis amigos
los únicos que me pueden violar
bañarse con mi perro
y utilizar mi dulcísima mujer como toalla
Dónde está mi mujer
con sus ojos de abeja encinta por un zángano que trabaja besándole los pies
con su lengua de pájaro con ganas de volar en mi boca
con sus pechos donde se pueden exprimir las naranjas
mi mujer de axilas incomparablemente luminosas
cuenca de leche para criar los niños
lobby del cielo donde se emborrachan los adultos
con su trampa de humo del incienso donde va a estornudar mi caballo
de pies chupables y codos comestibles y rodillas de postre
para la mesa de los reyes
mi mujer con su blusa a media asta
dormida en posición fetal

con esa manera de estar siempre negándose a nacer
con su rostro de estar pariendo a Dios
(La guerra existe porque no tiene ojos
y nunca puede mirar la paz que refleja la cara de una mujer que duerme
aunque por dentro sea un vaso que contiene la famosa tormenta)
Dónde está mi mujer
con su vientre de piso de la luz
de vitrina mostrando la cara del ahogado en su barriga
le pedí que me tragara al pasar por delante de la gente
y me dejó atrapando la dentellada
sentado en la mandíbula de la noche
Dónde la arcilla de la casa que hicimos
dos o tres cuadras más allá de terminar el mundo
Dónde mi madre cosiéndome los ojos durante la noche de los siglos
en vísperas de mi viaje alrededor del hombre
Dónde ese niño aprendiendo a nadar en su cuna de arrecifes
esperando a que el mar le devuelva la sombra de sus padres
Dónde mi isla como una ballena que ha venido a morir de tristeza en la orilla
y el sol pudriéndole la cola
Mi isla   mi calzado favorito
por eso mi alarido cuando me aprieta como un vulgar zapato
Dónde la sangre del chino copulando con la sangre del negro
la del anglosajón detrás de la esquimal
la bronca de la nube y el sol
la carcajada crucial del aguacero
el piropo zumbón y que desnuda
—solo el que mutiló la alegría y tuvo el cinismo de obsequiarle muletas
el que vertió agua en el guarapo y puso hielo en el café
y claveteó la cintura de la mulata en el solar
cambiado el cuero del tambor por un periódico engañoso—
Dónde el pregón de la papaya y el maní
el bullicio en el bar mañanero
junto al quejido lastimoso de aquella que se fue sonando en la vitrola
Dónde la humareda del tabaco
trocada por las señales del náufrago en medio de un peñasco a la deriva
Dónde la majestuosa locura de las mujeres nuestras
que entran riendo al manicomio
llevando la cordura de la mano como a una perrita pequinesa
Mi isla larga como una pesadilla

en la que sus propios hijos le atraviesan el vientre
con ese filo interminable que salta en pedazos al estrellarse contra el fondo del mar
Mi isla como una harapienta mendigando el insomnio en los portales de las iglesias
Dónde su amable coletazo tragándose el dolor de cabeza
como si se acordara cuando fuimos un perfecto animal acariciado por las manos del indio
Dónde el deseo de no querer morirse al otro día
el asombro de verse reflejado sin tener que pedirle ese favor a los espejos
Dónde ese sano egoísmo del hombre que es la vida
vital sobresalto
como el pincel de Toulouse—Lautrec
pariendo el aire bajo el vestido de una puta

Tengo miedo de salir porque afuera no hay nadie
ni una hoja   ni un león a quien meterle un beso en la boca
Estoy como una herida que se ha quedado sola pidiéndole disculpas a su muerto
como la escama dejada por un pez que ha sido sacado a empujones del agua

Si pudiera parir
justificar los gritos delante de este oleaje de silencio
Tendré que dejarme de pendejadas y salir a bailar con mi culpa
al compás del chillido oxidado del eje de la tierra

TE LO DIGO YO QUE ESTOY AQUÍ O DECLARACIÓN DE PRINCIPIOS

A Raúl Rivero

Qué turista no ha sido empinado desde una cintura
por un viento que le astilla los ojos
le hace temblar aunque esté de picnic en medio del Sahara
Las cubanas traen expediciones en la lengua cuando besan
casi siempre son gentes que te desnudan de un tirón
porque odian la piel que usan unos pocos
En la guagua el pezón te raja la espalda
como si abriera una lata de leche condensada
y te dan ganas de no bajarte nunca
contratarte de tubo y sentir como te agarran en las curvas
Si vienen los franceses
que traigan la torre Eiffel bajo los pantalones
para intentar hacer algo
Nosotros que somos los del patio
a veces tenemos que poner un gordo ante la vista
y pedir permiso para ir a almorzar
No crean los gallegos que inventaron la mulata
ella surgió de la mezcla que hizo la sangre con la tierra y el azúcar
y ahora le toca el turno de embestir con la ternura
solo a quien lo merece
Las cubanas también saben mojar el borde de la taza cuando orinan
las cubanas son harina de otro costal
aunque te hacen harina las costillas
y se la comen con una grasa creo yo extraída del demonio

Invítalos a comer de su propia barriga
Mujer empeñada en descubrir lo que se oculta y guindarlo del techo
enséñales cómo se pasma la digestión de una buena comida
Solo tú puedes explicar la sequía en las huellas del hombre
y mojarlas y mojarlas
hasta que aparezcan los primeros ahogados con un papel médico en la mano
que justifique porqué faltaron a la cama
Convencidos
de que esta bola de fango gira
en dirección contraria a las manecillas del reloj
y no puede quedar paralítica en una silla
con el desorden en todas las grietas de la cara
convencidos
de que haciendo el amor con ustedes la saliva alcanza para todos
y no hay que cortar los meridianos con tijeras
como acostumbran los que no saben acostarse
sobre una vasija de agua hirviendo

DOS PUNTOS Y SEGUIDO

¿Puta? ¿Quieres ser puta? Adelante, hija mía, yo te apoyo: al final la dignidad es otro cuento. Del amor, ya sabes: tómalo como es: limosna de la risa sobre un espejo negro. Y de la libertad nada puedo decir: también conoces que no existe, pero nunca le entregues a nadie la única rendija que te dejen: ni a la cárcel por matar a tu padre si te quiere violar, y nunca, pero nunca al matrimonio: la forma más terrible de conocer a qué saben nuestras miserias íntimas. De la droga solo te advierto que embrutece y hay que estar vigilantes: no son pájaros sino cuchillos los que vuelan. Si prefieres estudiar, también cuenta conmigo: a veces con un poco de suerte podemos evitar el pisotón aunque no hay garantías contra las patadas que te toca por la parte del prójimo. En la cama respeto a quien elijas: hombre o mujer, lo que desees, pero no le concedas al tiempo la dignidad de la vejez: no hay nada más triste que una vieja lesbiana o un viejo maricón: frente a un espejo se ve la cara de una hiena. De la maternidad solo un consejo: olvídate de ella: para qué despertar a los caníbales, repetir el suicidio: ¿acaso no te basta con mi ejemplo?: un cínico es aquel que deja la desdicha como herencia. De Dios no quiero hablarte: tú sola lo sabrás: ¿a cuántos de tus amigos violó el cura del pueblo cuando eran unos niños, hasta que por sus méritos fue removido a cardenal y ahora espera en su tumba feliz, sonriente porque ya sabe que será canonizado por el milagro de provocar las hemorragias en la virginidad de la inocencia?

Solo te pediría un último favor: nunca te conviertas en fan: ni de nadie, ni de nada ni de ti misma. El fan es uno de los seres más despreciables del planeta; incluso más repugnante que un político. Sé que es un animal al igual que nosotros, pero no tiene patas, y cuando decide arrastrarse tampoco posee la majestuosidad de la serpiente: se arrastra con la lengua, la histeria, y esos griticos asquerosos frente a los impostores que se proclaman dioses sobre los escenarios o de aquellos que se especializan en el manejo de una pelotica.

Podría decirte tantas cosas: pero basta. La palabra empalaga como ese dulce de frutabomba que me hacía tu abuela.

Ya estás lista para salir al ruedo.

Yo me quedo escondido, como siempre: maldiciendo.

LOS VIEJOS

Los viejos no deben levantarse de la cama / ni por la edad creerse que son sabios / y pararse delante de las cámaras para decir lo que todos sabemos (el mundo es un gargajo tirado contra el viento) / mucho menos ponerse una peluca / y sentenciar a un tipo / por envidia / porque violó y violó a una princesa/
Los viejos deben atornillarse a la grasienta costra de sus sábanas / ¿qué ganan con enviar sus ojos legañosos a gustar del desprecio? / Los viejos no son verdes ni de chiste / su único color tiene que ver con la fruta podrida / y aunque se crean niños / nadie vendrá a ponerle la mano en la cabeza/
Los viejos deben olvidar la palabra mujer / quiero decir / la amnesia del oxígeno / y ser un poco más inteligentes / y dormir boca abajo / y escarbar y escarbar / facilitándose el camino/

DE REGRESO AL ORIGEN

Contamos las veces que fuimos impotentes
para encontrar alguna diferencia con los animales
Sin pena   amor   seguimos siendo la hembra y el macho
hociqueándonos   oliendo el sucio trasero de la historia

¿Acaso el mundo no ha sido siempre un matadero
invitándonos con su largo y estrechísimo cepo?

Olvidemos a ese   al que llaman el hombre
que siga sentado encima de sus leyes
con su traje de goma de borrar   restregándose

MILENA RODRÍGUEZ GUTIÉRREZ

Milena Rodríguez Gutiérrez (La Habana, 1971). Ha publicado los poemarios *El pan nuestro de cada día* (Premio Federico García Lorca, 1998); *Alicia en el País de Lo Ya Visto* (2001) y *El otro lado* (2006, Finalista del Premio Emilio Prados del Centro de la Generación del 27), y varios cuadernos de poesía. Es autora del ensayo *Entre el cacharro doméstico y la Vía Láctea. Poetas cubanas e hispanoamericanas* (2012) y ha editado varias antologías poéticas, como *El instante raro*, de Fina García Marruz (2010) y *Otra Cuba secreta. Antología de poetas cubanas del XIX y del XX* (2011). Desde 1997 reside en España, donde actualmente trabaja como Investigadora y profesora en la Universidad de Granada.

EL PAN NUESTRO DE CADA DÍA

Las mujeres se sientan detrás de sus sueños a esperar por los hombres
y los hombres no vienen.

Las mujeres les quitan la cáscara,
les echan sal y azúcar,
los ponen al fuego,
les dan vuelta y vuelta.

Y los hombres no vienen.

Y se pasan, se pasan...

Y los sacan del horno.
Y se van hasta el patio.
Y se los comen.
   Solas.

HOMENAJE EN NEGRO

al Rojo [Luis Rogelio Nogueras]

Pues puede ser que mueras de su mordida...
José Martí

Te odié a los siete años
cuando llegabas a casa de mi padre
y se iban en tu alfombra
a inventarse la vida a mis espaldas.

Te odié otra vez a los catorce
cuando mi madre susurró
que una noche de otoño
deshojaste su nombre entre tus manos.
Te odié al cumplir los dieciséis
cuando con toda cobardía
te escapaste con la muerte
lejos de mi ira y mi venganza.

Mas como fue improvisada tu partida
y no querías irte
no te fuiste completo.
¡Se ha quedado en sus libros!
–comentaban.
Y me fui hasta ellos a buscarte.

Y cuando los tuve entre los dedos
sentí que mi odio se escurría
como un grano de arena.

Por eso, Wichy,
ahora que ya paso de los veinte,
le digo a mi hija:
Cuida bien tu odio
inviértelo en ministros,
abogados y psiquiatras.
No lo malgastes con poetas.

CUMPLEAÑOS FELIZ

Me regalé un baño de agua tibia.
A las doce de la noche yo era un pez.
Una sirena silenciosa
para un Ulises que no escucha.

La toalla secó las gotas de humedad
y el encanto.
Cayeron ante mí las aletas y la cola,
no la soledad,
no los veintiocho años,
aunque froté duro.

Afuera caía la nieve.

GRANADA, TIERRA SOÑADA

Va bien esta ciudad, según se dice,
aunque a mí no me sirven sus horarios:
cuando llegan las seis a sus relojes
dan las doce en el centro de mi alma.
Me pongo mal su acento, sus hombres, sus abrigos.
Corren fuera de mi idioma sus palabras:
las cañas para mí no son espuma
y no puedo adaptarme, no me adapto
a encontrar al amor lleno de polvo,
sucio, avergonzado en los rincones.

Va bien esta ciudad, qué duda cabe,
pero no conmigo y con mi sombra
que se harta
de la estupidez
posando en las revistas y en los diarios,
en la televisión, en los percheros:
tantos goles marcados en la puerta de lo inútil.

Va bien, seguro, esta ciudad con Dios,
a quien no sacan nunca tarjetas rojas ni amarillas
y exhibe derecha su sonrisa entre los dientes,
pero también izquierda,
entre las piernas.

Aquí ya no soy yo sino mi isla
y su dolor exótico, sin marca.
Y a pesar de los amigos que son ciertos
me vuelvo mar a veces, hago agua.

EL PORVENIR DE UNA ILUSIÓN

Para Sonia Mattalía, in memoriam

Padre nuestro que estás en los divanes,
Sigmund Freud, Dios, Lacan, como te llames,
aparta de mi vida a estos neuróticos
que llaman a mi puerta sin cansarse,
volviendo mi corazón una consulta,
empapando mi cama con sus males.

Padre nuestro que estás en los divanes,
líbrame del tedio de escucharles,
estoy harta de lobos y de ratas
implorando la hostia de la cura
que comen y se largan sin pagarme.

Padre nuestro que estás en los divanes,
derívame alguno saludable,
un Dante que haya ido de visita
a ese infierno nombrado psicoanálisis.

Y si pido milagros imposibles,
al menos, con el próximo que toque,
padre nuestro que estás en los divanes,
no me dejes que caiga nuevamente
en la tentación soberbia de imitarte.

DISCURRE, SIN INGENUIDAD, SOBRE EL PROGRESO Y ADELANTO DE NUESTRO SIGLO EN RELACIÓN A LOS ANTERIORES Y LA INCESANTE EVOLUCIÓN DE LA ESPECIE MASCULINA

> *Hombres necios...*
> Sor Juana Inés de la Cruz

Vive, Sor Juana Inés, sal de la muerte,
deja la Cruz, al dios de los varones,
al corazón oculto entre sermones
que te impuso ese siglo decadente.

Ven, te invito a vivir al siglo veinte,
que los hombres, mujer, y no te asombres,
han cambiado, se han vuelto inteligentes.

¿Que si ya no se burlan si los quieren?
Bueno, sí, se ríen, se marchan, hieren.
Pero lo hacen sin ganas, a disgusto...

y más, con la razón latiendo fuerte
(pues saben que está mal y que es injusto)
se arrepienten, Sor Juana, se arrepienten.

QUIÉN DIJO QUE LAS ISLAS SON ESTATUAS

¿Quién dijo que las islas son estatuas?
Hay islas que del tiempo se alimentan,
que suben y que bajan por la cuesta
del difícil camino de ser patria.

¿Quién dijo que las islas son secretos
por descifrar, en ellas detenidos,
oráculos que dictan el destino,
mensajes en botellas, amuletos?

Las islas son los peces que se escapan,
las islas son canciones a lo lejos,
las islas son las dudas sin los mapas,

el deseo y la vida sobre el agua,
y el murmullo del mar, que insiste quedo:
«¿Quién dijo que las islas son estatuas?...».

LA COARTADA PERFECTA

Alguien entra en La Historia a medianoche,
no hace ruido al llegar, cierra la puerta.
Se sacude en la alfombra los zapatos,
echa un hueso a los perros vigilantes
(con un hueso no basta, tira otro).
De puntillas esquiva a los dormidos
(no hay peligro si duermen inocentes).
Sigiloso se pierde en la escalera,
sube pisos, acampa en la alta torre,
desnuda la pared, cuelga su escudo.
Desde el fondo, el espejo lo interroga.
 Yo siempre estuve dentro se convence.
Y ya tiene el testigo y la coartada.
Sólo queda esperar a que amanezca.

CANCIÓN DE LOS ABRAZOS EN VOZ BAJA

> ... *Se querían, sabedlo*
> Vicente Aleixandre

De lejos, de puntillas,
sin despertar sospechas,
viven así, queriéndose.

Ocultos en la Historia,
sordos a lo que dicen
los unos y los otros,
distintos de sí mismos,
sonámbulos, a medias,
ellos fabrican besos
de papel en el aire.

Y cuando al fin se pueda,
desde la misma orilla,
los unos y los otros,
y hasta la propia historia,
sin despertar sorpresas,
mirándolos a ellos,
escribirán bien alto:
Se querían, sabedlo.

PALABRAS DE UN INOCENTE QUE DESPIDE A GASTÓN BAQUERO, DESDE LA ARENA DE UNA PLAYA, EN LA HABANA DE 1959

Usted me puede ver.
Yo soy un niño
que está creciendo todavía.
Yo todavía creo
que la noche es un buque,
un elefante,
un susto que el sol pretende darnos.
Quiero decir,
yo soy un inocente.
Yo no sé lo que digo.
Yo despierto en lo oscuro
y confundo palabras, las invento.

Pero yo soy un niño
y le pregunto:
¿Por qué me deja solo con la noche
y se lleva los peces, las estrellas?
¡Anda usted tan deprisa por las olas
con su nombre colgado de su brazo!...
¿A dónde va a marcharse con su nombre?

Su nombre es un juguete,
un caracol,
el columpio del patio
donde vuelo sin miedo por el aire.

Su nombre es un sombrero,
una pelota
que se lanza al espacio
y regresa de nuevo, sana y salva.

Mañana será usted otro inocente
como yo, dibujando
figuras en la arena.
Será usted invisible
como el Dios de los niños
y jugará a llamarse
los lunes, Nicanor; Adrián, los martes...
Y acabarán los días
y seguirá usted teniendo nombres.

Mañana habrá otros magos ensayando
el número en que usted desaparece.
Pero usted, que es la magia,
usted que es inocente,
se escapará en un traje
de mendigo vienés,
de muñeco de nieve,
de leopardo lunar,
de palabra *jamás* con *s* larga.
Se vestirá de Coriolano,
el perro que lloraba a Nureyev,
y se reirá feliz en su escondite.

Mañana será usted una ciudad
alumbrando en la noche como un parque.

Mañana será usted un inocente
y jugará conmigo entre las olas
al juego del regreso.
Regresará en el agua,
en el río invisible
que llegará a mi boca,
del que podré beber
y crecer alto.

Ese río que a veces
sonará a eternidad,
con una *d* que se alza como un muro,
y otras veces a otoño, o a esperanza.
Y cuando sople el miedo
y me despierte,
usted me abrigará como una madre,
me contará su cuento como arrullo:

«Aunque tú no me veas,
yo estoy aquí contigo, transcurriendo.
Yo estoy creciendo todavía
para empapar la noche
y que se apague.
O mejor, que se encienda.
Ninguna noche dura para siempre.
Mañana saldrá el sol.
Vuelve a dormirte».

LA PIEL ES UN SITIO INSEGURO

> *Ya yo también estoy entre los otros*
> Fina García Marruz

Descubrirme sentada al otro lado,
en el sitio de aquellos, los que entonces
mirábamos pasar como traidores,
como islas que huían de la isla.

Seguros cada uno en nuestro nombre,
eran ellos mentira, sombra oscura,
sólo un número menos en la Historia
que borrábamos dócil, mansamente.

Ellos, los enemigos,
los de la voz extraña
y un paisaje distinto en la mirada.

Y ahora yo, aquí sentada,
con su cielo en mis ojos
y sus mismas palabras en mi boca.

LA CASA DE BERNARDA ALBA

Vivo en la casa de Bernarda Alba.
Voces bajas, susurros.
Jamás decir lo que a ti misma dices:
hay una tormenta en cada cuarto.

Un solo traje y un bastón de mando,
y una puerta, un cerrojo,
una escalera
que se sube de prisa
y no se baja.
(¿Cómo bajar y que no escuche el aire?).

Todo ocurre muy lejos, lejanísimo.
Allá, a la espalda, el ruido,
el temblor de palabras,
el rumiar de los otros.
Aquí no pasa nada.
Nadie ha muerto.
La soga está en su sitio.
Todo el silencio es tuyo: ya lo tienes,
      Bernarda.

CURIOSITY

Allá arriba no hay nadie. Ni en Marte, ni en Saturno, ni en la Luna, ni en ninguna de las no sé cuántas estrellas. Todo ocurre aquí abajo: los golpes, las preguntas, los brazos tendidos. Hasta la lluvia, que viene de por allá, cae en este lado. No, no hay nadie arriba. Pero qué bien mandar a alguien, alguien como nosotros, pero distinto; alguien ajeno al dolor, al transcurrir del tiempo, al pavor de lo extraño, a la escasez de aire. Alguien allí, por si acaso nos equivocamos. Alguien alerta, por si la noche nos quisiera responder. Alguien que se sienta a examinar las señales, a ser nuestros ojos y nuestros oídos. Alguien para tomar notas y contarnos mañana. Aunque cuente la quietud, el silencio, lo que no fue. Aunque ya no estemos para entonces. No, allá arriba no hay nadie. Sólo un robot trajinando por los cielos, como un Dios.

JUAN CARLOS VALLS

Juan Carlos Valls (Güines, La Habana, Cuba, 1965) Poeta. Premio David (1991), Premio Pinos Nuevos (1994), Premio Orippo (1995), Premio Calendario (1996), entre otros. Tiene publicados *De cómo en la estación de un pueblo el pretexto del viaje son las bestias* (1991), *Los animales del corazón* (1994), *Los días de la pérdida* (1995), *Yerbas en el búcaro rojo* (1996), *Conversaciones con la gloria* (1997), *La soberanía del deseo* (2000), y *La ventana doméstica* (2008). Reside en Estados Unidos

desesperados por el polvo que ciega
corrompidos
hemos ido a parar al intestino del país blanquísimo
libre del mediodía
he pisado las trampas en mi afán de llamar
a cada cosa por su nombre.

ahogadas en el aplauso
fueron mis manos un símbolo
una escalera para subir mi situación moral
sometida al olvido y a un humanismo irónico
propios de un general que ordena morir lejos.

yo contemplo ese gesto
por no creer que acabaremos siendo
una esquirla en la carne podrida
remedo de archipiélago transfigurado en mí
ridículo esplendor que tal vez algún día
hará que llueva sal sobre nosotros.

CONVERSACIÓN CON SAN FRANCISCO DE ASÍS

no sé si por azar
el padre de mi padre se llamaba Francisco
a secas
sin santidad posible
pero también de pueblo quebradizo y falto
de gravedad y espíritu.
el padre de mi padre
que como tantos otros me permitió crecer
sin saber que existías Francisco de los pájaros
espejo de aquel niño que vi morir
cuando no hice nada por salvarlo.
qué historia tan hermosa
desnudarse en medio de la plaza
apenas vi la imagen
fue como destilar el agua pedregosa del pasado
como entender de golpe el mundo que se inventan
los sueños que se inventan los que no creen en ti
aunque en momentos graves
hayan puedo monedas en tu vaso
confiados en la suerte
esperando favores que solían pagar
con una fe sin brillo y sin enigma.

qué bien mi San Francisco
este verso que pones en mis labios
qué bien mis enemigos el hambre la provincia.

hubo cierta flaqueza
que fuimos heredando por desgracia
y ahora es tan difícil
abandonar los fuegos terrenales
tan difícil negarnos a la muerte habitual
a los martirios falsos
el padre de mi padre
nos dijo que perdíamos el tiempo
sin embargo qué fue lo que sentimos
cuando vimos arder en medio de la carne tu pobreza
qué fantasma voló sobre nosotros
para que construyéramos castillos en el aire
fundados en tu nombre.
no contestes Francisco no contestes
yo puedo imaginar qué pensarías
si vieras estos campos
que nos están salvando del delirio
si vieras estas caras temerosas tal vez
enfermizas tal vez
pero ancladas al centro de la isla
un poco poseídas por el asombro
de no escuchar tus pájaros
por esa vanidad de habitantes que somos.
ay Francisco de Asís
no hace falta que hables para que yo comprenda
tu fe tan especial en los poetas
tu fe tan insistente
en no atar el amor con sobrenombres.

no contestes Francisco no contestes
yo puedo comprender
este sabor amargo que pones en mis labios
yo puedo perdonar
la poca fe del padre de mi padre.

CONVERSACIÓN CON MI MADRE POR UN SUEÑO

A Roberto Zurbano

hice maromas prohibidas mamá
sólo yo sé qué terribles aplausos me esperan
solo con este buen regalo
que es el país que estrujo entre mis manos
con esta compañía y estas conversaciones
que apenas me dan fuerza para seguir viviendo.
yo merezco otro mundo
otros viajes más largos que me den el sabor
de los vinos famosos y de los sitios por mí desconocidos
yo merezco otros jueces
para decir mejor otra justicia
otra contemplación que no sea el elogio
de las falsas muchachas que se alquilan.
no diga nada madre
usted siempre me hablaba de los atardeceres
y del grato provecho que significa alzarse
de entre los hombres dignos
pero los hombres dignos nunca pude encontrarlos
en la comodidad de los colegios
ni en sobrios automóviles
ni en la ferocidad de ciertas decisiones
contra amigos que dejaban la patria
por el deslumbramiento de cosas tan sencillas
tan inútiles

como un frasco vacío de perfume.
la dignidad es otra cosa madre
y si aprendí a llevarla
fue más bien por los momentos duros
y por otros momentos que yo me procuré
a pesar del ejemplo de mi hermano
y de mi santo padre
aunque una vez al mes viniera a visitarnos
y a dejarnos constancia de una última medalla.
no diga nada madre
usted quiso salvarnos de soñar este sueño
siempre con ese encanto que da la ingenuidad
y con esa esperanza que se inventa.
yo merezco otro mundo
otra foto de usted que no sea
en la que se besaba con papá
imitando el retrato de una revista antigua.

ÓPERA CIEGA

para Víctor Varela

atravesé la habana de 1997, esa habana donde las caras y las razas se mezclan sin que ello nos haga creer que es la armonía quien une y desune. un teatro. una carpa. por ello fue que atravesé ese músculo vertiginoso de la ciudad. oscuridades. el falso orden del país chapoteando en lo marginal. al fin la noche.

    cortada la cinta estoy bajo un cielo diferente del que he venido. a pasos cortos un actor inicia la ceremonia. enciende lo que ellos mismos denominan mi noche contemporánea de Walpurgi. una carpa. un actor. una mano rigiendo la obertura de lo que ahora —con el distanciamiento— me parece una muerte. me inicio en la verdad. una verdad que de tan vieja hace que tengamos que recurrir a lo que no guarda la memoria. esa música sabe que me conmueve. como lo sabe es quien cuenta las cosas. esa música. esas bocas cantando o contando llevan mi boca hacia el mismo arrepentimiento. pero espero. sé que un amigo aparecerá y quiero verle sumido en la transformación. adivinar si es el teatro o si es él atreviéndose a poner en su boca los números con que la gente sencilla nombra la causa de su desgracia. una ópera ciega. una concepción del caos ilustrada con los mismos elementos rosados de una ama de casa. en lo retorcido de esas bocas cabe todo lo que no pudimos comprender.

    atravieso la habana de 1997. estoy hecho con esas mismas carnes. alimentado con esa misma necesidad de traspasar todo cuerpo sólido todo elemento que tenga acceso a la partida. hay que sumergirse. de lo contrario estarías expuesto a que el calor de estos mundos se transparente con el fuego que a la sombra de la carpa que acabas de dejar es todo lo que no te atreves a ser. esa habana de caras y razas que se mezclan sin que ello te una o desuna con la noche. una ópera ciega. un pez sacrificado con tal de demostrar el aniquilamiento del espíritu. escuchaste demasiadas voces pero la que habla es la del presente. creo que textualmente dijo… «en mi dormitorio está la verdad».

RETRATO

este es el poema que debí escribir
para que mi cuerpo sostuviera con fe
la extrañeza de los abatimientos
pero el poema es un estado de quietud
y el cuerpo se deleita y se establece
en los frutos que la demencia impulsa.

palabras de diciembre
dejadme ser con nitidez la huella que arrebata
aceptar que soy el amante inmaduro
que intenta contra su juventud.

de este poema se dirá:
«es el retrato de un amor de mil novecientos noventa y cuatro»
y hasta yo leeré y sentiré
que existió en mí un amor definitivo
un sentimiento oculto
para el mismo verano
al que maldije por su excesivo furor
que no era más que otro grano de arena en lo fatal
volviéndose costumbre.

pero el poema sustituye la angustia del retrato perdido
se instala en la sombra del amante que conocimos ayer
lo imita mordiéndose los labios
fingiendo un amor que únicamente ese instante podría definir.

el poema
muerte única donde permanecemos intactos
acaso en él pudiéramos llorar el cuerpo que nunca despedimos
acaso en su condición de témpano se forja la afamada eternidad.

de este poema se dirá:
«es el retrato de un amor de mil novecientos noventa y cuatro»
y hasta yo
que sólo vi en él la fe que sostenía mi cuerpo
contemplaré que parezco feliz
y no podré negar que sostengo muy bien el dolor
de un amante de fin de siglo.

ya viví.
ahora recogeré una a una
las piedras que fui colocando
las verdades en que fui incurriendo
los días que no fueron
más que noches poco iluminadas.

estoy pensando en el modo
en que quiero   contar   por qué es definitivo
dejar de ser por un tiempo
 y volver a ser al tiempo
el gusanillo que pudre la palabra difícil
el pobre hombre que da al aburrimiento
el sentido con que la vida se desquita
de los precipicios inútiles.

para recoger ahora estas piedras
tuve que sacrificar la compañía
de los hombres más hermosos.
quiero decir
de los que son dueños de un pájaro
de un árbol
y de un poema escrito por otro hombre
sin pertenencia alguna.

estas piedras o esto sueños
(son una misma cosa)
Irán significando la posibilidad de que mañana
domesticados por sus pájaros

sanados por la sombra de sus árboles
conmovidos los hombres por el poema
de otro sin pertenencia
perdonen la dejadez y el vivir
de quien a falta de la vida
abandonó la compañía cálida
de un pájaro que parecía suyo
para que Dios desde lo alto
le viera recoger una a una
las piedras que fue colocando
las verdades en que fue incurriendo
las noches que no fueron más que días
iluminados por el recuerdo de otro hombre
de un árbol
y del pájaro que lo conservó
en una de las gavetas de su memoria.

BALADA DEL HIPÓCRITA

estoy tan solo como
cuando aún no había nacido.
si suena el teléfono
o si hay días de explosiones
y números intensos
llego a tener
(aunque como un destello)
una ventana clara hacia el disparo
o hacia la soga
de la que colgarían mis ojos
si decido hacer el viaje
y no seguir escuchando mi verdadera música.
solo
como en aquellas tardes de arrecifes
cuando bajaba desde las bibliotecas
hasta el amparo explícito del mar
donde los machos libres de la especie
hacían las delicias
con lo que les sobraba del amor.
como en los calabozos
como en los baños públicos
como en los sueños de mi madre.
el inventario de las soledades
no será publicado por las editoriales Vaticanas
ni por las monarquías levantadas por el hombre.
pasará mucho tiempo

y seguirá el periplo de la sangre
guillotinando ciertos pedazos de memoria
muertes acumuladas
en el envés de una vida
demasiado estrecha para vivirse.
solo
sin entender el sonido que te despierta
varado en las preguntas
y ni un solo acertijo tiene el linaje
de la baraja que anticipó tu muerto.
quieres cantar y cantas
entonas la balada del hipócrita
y abres un pasadizo
hacia el límite del párpado inconcluso.

entre todas las aguas un manantial de campo
ahogas las semillas
pudres las flores
chirrías tu canción como los artefactos
que lejos de clarear apuntalan la noche.
así de solo estoy
como cuando aún no había nacido
como si los cortes tajantes
que atraviesan las líneas de mi mano
fueran
(aunque como un destello)
el resumen.

CAMBIAR UN SITIO. ETERNIZAR

cambiar un sitio. eternizar un lugar demasiado pequeño donde las cosas hablen por sí solas. así trato de comparar la vida con el acto de derrumbar de un tajo la plenitud de una fruta madura. no hay nadie —me repito— mientras tengo que compartir mi tiempo con otro tiempo. mi tiempo de pensar. de elegir. de sopesar las mentiras y las verdades compartido con el tiempo de lavar una camisa blanca o el tiempo de levantar mi ceja y atrapar un hombre.

en el espejo empañado hay iniciales escritas por una mano ciega. no conoceré yo a mi mano si tengo que violentarla y convencerla cada día para que sepa compartir la duda que reina entre el espejo y el lado neblinoso en el que voy y vengo como quien espera. como quien debe. como quien sabe. Como quien respira con cierta dificultad y cierto gozo.

alguien dice que debo esperar a que la distancia sea lo suficientemente abrumadora para decir que todo lo que sucede se convierte en pasado pero no poseo ese sentido petrificador. reconozco que las cosas pueden tener una vida con su respectiva muerte o muchas muchas vidas con sus respectivas muertes.

hemos quedado en encontrarnos para visitar un río que convive con el paisaje. ante semejante espectáculo no habrá posibilidad de protagonizar al menos un capítulo de ese viaje irreal. damos tumbos. escogemos en un sitio mágico la mejor sombrilla para las alucinaciones y en cuestión de minutos hemos hecho con el tiempo un ovillo que nos trae la edad en que soñábamos ser esto que tanto nos conmueve. sin tijeras no podemos recortar el paisaje. una nube. un sitio peligroso. pero hemos quedado en encontrarnos y debajo de la sombrilla nos sentimos seguros de lo que no quisimos ser y de lo que seremos después de recorrer por última vez este pedazo de río que no sabemos si existe o si a fuerza de contemplarlo parece que está ahí con nosotros y todos dudosos de esa verdad que permanece debajo de la sombrilla. cambiar un sitio. eternizar un lugar demasiado pequeño donde las cosas guardan un raro parentesco con la ceniza.

BOCA DEL CIELO

para R.M.R.

sé que no vamos a estirar los pies en este viaje
que será poco el cansancio
y miserable la ración que recibiremos
de nuestros enemigos íntimos.
son días de esperar.
de hacernos los hipócritas los tontos
los conformes con el hábito de endulzar el café
y tostar las palabras.
felices de la vida.
mordiendo paja desde la resistencia.
sé que no vamos a ser los de antes
sin cercanías
sin tubos de agua para suavizar el veneno
habrá que atar cordeles
y orinar sobre cualquier montículo que sea patrimonio
una manera de estar ahí
moldeando las temperaturas del verano
como quien reconoce la utilidad del hielo
el fósil que resguarda de las cremaciones
que cada tiempo inmortaliza.

leo fragmentos de poemas
de autores que hicieron alguna vez en mí
un hueco en donde los parásitos se revolcaban

y hacían sus tertulias
donde la carne era el alimento poderoso
para los sueños y la maldita circunstancia.
las conversaciones en los parqueos públicos
dejan siempre la sensación de que hemos ido entendiendo
las cavilaciones del hombre—pájaro
la mutación del hombre—primavera
la muerte del hombre—monolítico
y es que somos un simulacro del entendimiento
una mudanza entre tanto canibaleo
y tanto río subterráneo.
así se pedalea contra los peces
y las criaturas de isla
así contra los cuerpos y el deseo de estar en ellos
hasta que sobrevenga lo definitivo.

termino en casa
viendo una película de Alfonso Cuarón
donde dos jóvenes y una mujer buscan una playa
a la que llaman «boca del cielo»
cada uno escapa de su propia belleza
pero se reúnen en esa misma playa
y fabrican historias que contradicen su existencia.
ahora soy yo
sintiendo que no seré el de antes
en mi propia agua
moviendo objetos y acomodando las palabras
para que el mismo atardecer de la película
sea mi diálogo con el comienzo de la noche.
el de antes.
yo el de antes con una idea demasiado imprecisa
que me hará no recordar qué hombre soy
y empezaré de nuevo a buscar
—como si fuera mi único sueño—
una playa maravillosa.

HE LEÍDO UN POEMA DE DIANE WAKOSKI

he leído un poema de Diane Wakoski
y comprendí de repente
cómo llegué a ser este amasijo de temblores
recogiendo migajas para la vida.

hace veinte años
alguien a media noche apretó
contra su cuerpo mi cuerpo
y dibujó en mí una ventana
por la que más tarde se asomarían
unos pájaros blancos
que la gente
con el sonido irónico de las palabras
fue convirtiendo en negros y enfurecidos
pájaros del desasosiego.

pasaron veinte años
y la ventana permanece abierta.
Diane Wakoski jamás comprenderá
por qué no fue el acantilado el límite
entre la muerte y mi sueño con una gaviota
batiendo las alas.
nadie comprenderá en definitiva
por qué se necesita un corazón enorme
para que aquellos pájaros
sigan bebiendo de tu sangre.

pasarán veinte años
y este poema será desempolvado
por un muchacho a quien la gente
(con el mismo cuchillo con que cercena
el pan de cada día)
habrá herido y dibujado una ventana
para que otros pájaros
violentados por la misma ironía de las palabras
pongan en peligro la belleza del mundo.

PÁJAROS. LO INVISIBLE

en el cableado eléctrico
los pájaros reposan el día.
a cincuenta km por hora
no puedo distinguir si están dormidos
o si acechan atentamente
la soledad del otro
el picotazo del cielo que amenaza
con desaparecer hasta que vuelva el sol
con larvas cotidianas.

todo pasa como en película
colores
transeúntes anónimos
adornos navideños que afean
como la nieve sucia.
los pájaros siguen ahí
posados en el cable negro
por cuyas fibras pasan vidas en susurro
mensajes prohibidos
listas de mercadería que engullen la desmemoria
y lo convierten en abono para plantas.
un mundo raro.
una conversación a medias
y ese cable estirado mirando como paso
una y otra vez con objetos inútiles
una cafetera nueva

zapatos
ropa comprada al por mayor
en almacenes donde lo viejo
parece no tener historia.

avanzo
pero el paisaje tiene idénticos pájaros
e idénticos cruces de caminos
gente con prisa que no tiene ojos para ellos
sino premoniciones
trabalenguas que repiten
como si ejercieran el arte de la postrimería
obcecados en la manía de no envejecer.

cómo es posible que no vean
esa larga fila de picos y patas ditirámbicas
cómo pueden seguir de largo
y no morirse de la pena
sin poner bacinillas con agua
o granos que sobraron ayer.
pero estos pájaros
no tienen tiempo para el rencor
permanecen en la aspereza del alambre
como si algo grande estuviera por suceder
algo que aunque nosotros nos empeñamos en llamar
gusanillos
larvas de la miseria
ellos en su delirio
lo perciben
como el horror de capturar lo invisible.

MARGINALIDAD

para Pedro de Jesús López

un ómnibus está marcando el tiempo de la aproximación. sé que voy a escribir sobre eso que no ha sucedido pero quiero palpar. saber que digo cosas creíbles emparentadas con la realidad no a través del cansancio sino por el de-seo. lo marginal está en mí ¿qué es? sé que en todo lo que siento hay algo que parece sucio pero en verdad es lo no confesado. lo que yo mismo pido que se detenga. un fósforo. ¿qué hora tiene su reloj por favor? son preguntas que tienen su respuesta en lo marginal. nunca sabemos a dónde llevan esos pasos si escupimos sobre el deseo.

    busco el inicio en un banco vacío. parque de la fraternidad. qué mejor sitio para evadir el ojo de algún antiguo conocido. el hangar de las posibilidades. quiero contar los hombres que pasan. todavía me niego a que la conversación no gire en torno a la literatura. pero quiero saber. no tienes nombre. no tienes puesta una máscara ni sabrías a dónde ir. quieres una conversación o algo que se parezca a lo que nunca has escuchado. pasar el dedo por la navaja. sentir que te obligan. fijar un precio. sentir. eliges. ¿cómo te llamas? ¿dónde vives? ¿cuál es tu signo? todo fue respondido con los ojos desde que supo que estabas ahí buscándole o inventándole. acabas de comprender lo relativo y lo común que es padecer la soledad. un ómnibus. cualquier puerta que se abra está dejando posibilidades para ti. para tu sed de conocimiento pero no quieres saber. quieres una fila y un intercambio sin palabras. mas-turbarte contra todo lo que no te pertenece. no sabrías que hacer si alguien desde tu otro mundo usa su dedo para marcar las diferencias. no sabrías qué hacer. quizás esconderte en el equilibrio. entre la poesía y el deshielo que acontece en este parque de iluminaciones. en todos los bancos estás tú. en todas las filas son evitadas las mismas preguntas. en el engaño de las máscaras hay como un saber desde siempre que engrosar esas filas es un pacto entre la moral y el deseo. dime que no eres. dime que eres poeta y que experimentas varias reacciones ante la muerte. dime que sufres. ya no quieres saber. ya honras. ya deshonras. a la patria. parque de la fraternidad. que nadie aparezca hablando de literatura. quieres una mano poderosa repartiendo eso que acabas de probar. ¿cómo te llamas? ¿cómo te llamas? ¿cómo te llamas? son reacciones de tiempo perdido. son cosas creíbles emparentadas con la realidad. emparentadas con el cansancio emparentadas con el deseo. emparentadas contigo y conmigo. con la literatura. con la poesía. buscaré bancos vacíos y filas y preguntas que responder y objetos que me recuerden el equilibrio entre el inicio y el chasquido de las puertas que se abren para ti o desde ti. sé que voy a escribir sobre eso que ha sucedido pero quiero olvidar. creer que digo cosas emparentadas con lo que nunca quise ser. con el margen. un ómnibus está marcando el tiempo de la aproximación. durante el viaje me repito ¿qué hora tiene su reloj por favor? ¿qué hora tiene su reloj por favor? ¿qué hora tiene su reloj por favor?

PÁGINA BLANCA

Como en otro tiempo
me bastó escudriñar poemas que hablan
de la obsesión por el desastre
poemas de mujeres y hombres
cuyo único anhelo es una página blanca
y una cabeza rebanada a diario.

He comido pan suave
para que las horas tengan
minutos interminables
sé que quiero escribir
pero mientras
sustraigo de la palma de mi mano
nombres comunes
confituras celestes
barro
para levantar casas de sanación
donde lo memorable es un cáliz
y lo absurdo un orden.

Ha tenido que venir un Mesías
para que yo me alce entre los muertos.
me ha dicho levántate
echa piedra en los precipicios
pon tu sexo a arder en los cañaverales.
he comprendido que ya no tengo isla
que no existen campos
ni días de verdadera belleza.

almaceno lo irrecuperable
lo zurzo
lo enrosco
le pongo marcos
lo proyecto en sábanas
para verme a mí mismo llegar a la ciudad
en busca de las pequeñas cosas
nombrarlas
como si no supiera que es inútil
porque vendría la destrucción
que arrasaría portales
avenidas
hasta los parques mínimos.

es a este escrutinio que llamo
lo irrecuperable
lo que ya no seré porque la isla
ha perdido su ligazón al fondo
y flota en cuanto mar
hemos ido inventando
para las fugas transitorias
una página blanca
un espacio con límites
para que el animal
se sobreponga .

Así estamos de desesperanzados
así de flácidos y nauseabundos
por las mareas que traen a casa
vestigios de la Isla
linternas
capiteles antiguos
fotos en blanco y negro
en las que sonreíamos
como si desconociéramos
el color de este tiempo.

ÍNDICE

Escribo en la arena la palabra horizonte	7
MAGALI ALABAU	13
En esta libreta	15
Escritas ordenanzas	18
Una excursión a Micenas	20
¿Por qué una canción,	22
Eres la perfecta mitad,	24
Cada época tiene su cámara	26
La casa está cerrada,	27
El amor escapa,	30
Ya te encontraste en la pared de la sala, ya te encontraron.	35
Los juguetes de mi hermana	38
Tengo miedo	40
Orestes	41
En medio de todo	42
DAMARIS CALDERÓN CAMPOS	45
La soñante	47
La Anunciación	49
Los frutos que la demencia impulsa	52
En el mediodía del sol de la tarde	53
El desierto familiar	54
Lengua natal	55
El Biombo del infierno	56
Como si fuera el Escamandro	58
La extranjera	60
Las pulsaciones de la derrota	61
Fin de año	63
Para cerrar los ojos	64

El grito primordial	66
SONIA DÍAZ CORRALES	67
Primera letanía sobre la muerte	69
Detrás del vidrio	71
Vencer en lo más triste	73
Instantánea del tiempo	75
Discurso de la hoja	76
Boleto cursi para el último tren	79
Bucle de los sueños con cuchillos	81
Elegía de los deseos	83
Yo, Juan	84
Apología de la nada	86
Besos y melocotones	87
Onírico para las pascuas de una mesa	88
Seis horas de diferencia	93
NÉSTOR DÍAZ DE VILLEGAS	95
Narciso	97
Al soneto	98
Crack	99
Vicio	100
La última cena con Pedro Jesús Campos, 1954-1992	101
Netsuke	102
Los dos primeros años aquí (son los más duros)	105
Himno infantil	107
John Horgan cargando a Stephen Hawking	109
Che en Miami	111
Sueño	115
Libreto	117
Narciso	119
MANUEL DÍAZ MARTÍNEZ	121
Poder	123
La cena	124
Restos de comida	126
Los cuervos	128
Esto que ves, Gabriela	129
Patria	131
Discurso del títere	132

Como todo hombre normal	134
Plaza de Oriente	137
Les sigo hablando en un momento	138
Morir de pronto	139
Sólo un leve rasguño en la solapa	140
Inmortales	141
GERMÁN GUERRA	143
Génesis	145
El bebedor de sol	147
Ming Y / El oscurecimiento de la luz	152
Última casa de ceniza	153
Ante los hombres	155
Dos hombres	157
Daguerrotipo de la espera	159
Pasaba yo por Grecia	161
Música de nadie	163
Infancia de Rimbaud	164
O Captain! My Captain!	165
Oficio de tinieblas	167
La ciudad y el borde de la isla	170
MARÍA ELENA HERNÁNDEZ CABALLERO	171
El Apocalipsis según Judas	173
El Arca de Noé	177
Potros de humo	179
Caminando con Soren Kierkegaard al fondo	180
Amnesia	181
Letanía del sueño	183
Yo también tengo un Caballo de Troya	185
Los hongos son amargos y los helechos peor	186
Noche de ronda	188
Sin recursos	190
El condado de Harris	194
Mi cabeza reposa sobre la poesía completa de Anne Sexton	196
Autorretrato	197
ALBERTO LAURO	199
Sin Itaca y sin Penelope	201
Confesión de un legionario	203

Oración de vigilia	204
La piel de otro	205
Puesta en escena	206
Poema de la extranjera	207
Una mujer ha venido	209
Generación	210
Adolescencia	212
Bendito exilio	215
Ecce homo	217
Cementerio judío de La Habana	219
Deseo prohibido	220
CHELY LIMA	221
Infancia	223
No hay modos de evadir el fuego	225
Secreta primavera	227
Francotirador en la niebla	229
Gideana	230
Ella	232
Zona de silencio	234
Declaración final de los que ardieron	236
Lo que les dijo el licántropo	238
La Canción del Extraño Caballero	240
Maldito, bendito	242
Reconocimiento	243
Urano púrpura	245
ALESSANDRA MOLINA	247
Primera floración	249
Un cierto día	250
Desmemoria	251
Margarita	253
Ronda infantil	255
Parábolas del buitre	256
En el catálogo de Las intenciones	258
Sin resquicio	262
Taberna	263
No habla para mí	264
Fortuna	266

Patria del idioma	268
Vértigo	270
RAÚL ORTEGA ALFONSO	271
El origen	273
A Hollywood no le gusta filmar los lugares comunes	274
De mis antepasados	275
La familia	276
Sola, sola, solísima	278
El cumpleaños de la gente	280
Con mi voz de mujer	282
Los egoístas	284
Me cago de miedo frente a la soledad que me busqué	285
Te lo digo yo que estoy aquí o declaración de principios	288
Dos puntos y seguido	290
Los viejos	292
De regreso al origen	293
MILENA RODRÍGUEZ GUTIÉRREZ	295
El pan nuestro de cada día	297
Homenaje en negro	298
Cumpleaños feliz	300
Granada, tierra soñada	301
El porvenir de una ilusión	303
Discurre, sin ingenuidad, sobre el progreso y adelanto de nuestro siglo en relación a los anteriores y la incesante evolución de la especie masculina	304
Quién dijo que las islas son estatuas	305
La coartada perfecta	306
Canción de los abrazos en voz baja	307
Palabras de un inocente que despide a Gastón Baquero, desde la arena de una playa, en La Habana de 1959	308
La piel es un sitio inseguro	311
La casa de Bernarda Alba	312
Curiosity	313
JUAN CARLOS VALLS	315
Desesperados por el polvo que ciega	317
Conversación con San Francisco de Asís	318
Conversación con mi madre por un sueño	320

Ópera ciega	322
Retrato	324
Ya viví.	326
Balada del hipócrita	328
Cambiar un sitio. eternizar	330
Boca del cielo	332
He leído un poema de Diane Wakoski	334
Pájaros. Lo invisible	336
Marginalidad	338
Página blanca	340

www.ingramcontent.com/pod-product-compliance
Lightning Source LLC
Chambersburg PA
CBHW031613160426
43196CB00006B/115